Paseos resonantes

Ensayos estético-filosóficos

Editorial: BoD · Books on Demand, Calle de Manzanares,

4, 28005 Madrid, bod@bod.com.es

Impresión: Libri Plureos GmbH, Friedensallee 273,

22763 Hamburg (Alemania)

ISBN: 978-84-1373-977-9

Paseos resonantes es un proyecto continuo de Holger Maik Mertin y Volker Kühl que entrelaza paseos y experimentos sonoros. Bosques y parques, pero también espacios urbanos y hasta una base militar, se convierten en instrumentos de percusión. Nos hacemos con los espacios entrando en ellos, interpretándolos, surcándolos y deambulando por ellos. Nuestros paseos resonantes son temporal y espacialmente ilimitados. Tanto los temas como los patrones de percusión surgen de nuestra inspiración o capacidad asociativa.

En un principio, este proyecto nació bajo el impacto del primer confinamiento en Alemania por la pandemia del COVID, pero continúa perviviendo en nosotros. Al principio, aprovechamos el silencio decretado por la política como espacio y escenario de reflexión. Nos dimos cuenta de que nuestros propios sonidos —andar, hablar, respirar— se habían hecho mucho más presentes y tangibles, y que nuestra escucha y actividad artística se habían intensificado. Durante los confinamientos siempre nos movimos dentro de los márgenes permitidos por las restricciones políticas alemanas, (algo menos estrictas que en España) que permitían salir y moverse en espacios abiertos.

A partir de nuestra manera contemplativa, expansiva e investigativa de caminar, surgieron textos que reflejan contextos sociales y que se superponen entre sí, difuminando sus contornos como si fueran esos castillos de arena arcillosa característicos de las playas del norte de Alemania, hechos de pegotes lanzados unos encima de otros: activismo, elegancia, lentitud, música, capitalismo, espacio, sonido, minimalismo, *performance*, sonido, movimientos sociales y transformación.

Los temas surgen al sumergimos en nuestro entorno, cuyas posibilidades sondeamos, intentando descubrir, entender y captar sus formas y sus estructuras internas. Lo ilimitado de los paseos resonantes llega a corresponderse con una experiencia de plenitud.

El género de los textos tenía que ser el ensayo, debido a que su versatilidad permite recoger un pensamiento libre muy amplio en cuanto a temáticas y estilos. Los ensayos pueden ser abiertos, asociativos, profundos, intensivos, libres y variados en ritmos y tonalidades. Además, son el reflejo de que el nuestro no es un proyecto clausurado. En algunas ocasiones son reflexivos y figurativos, en otras teórico-analíticos.

Tanto el debate temático como los propios paseos resonantes han ejercido una influencia fundamental en nuestros respectivos cambios de vida. Se han convertido en un principio vital y en un método. Nos movemos de otra manera. Planificamos de otra manera. Reformulamos de una manera novedosa procesos sociales e individuales como las tendencias, lo efímero, la cultura experiencial, los espacios, la emotividad, la desconexión de la naturaleza o la mecanización de nuestra vida cotidiana.

Holger y yo tenemos biografías diferentes que hacen surgir voces diferentes. La experiencia compartida de los paseos resonantes ha sido para ambos como una revelación. Se trata del encuentro de dos amigos íntimos, de los cuales uno procede del ámbito de la creación de sonidos, así como del denominado *activismo performativo*, mientras que el otro aporta su experiencia en el campo de la literatura, la filosofía y el deporte.

Biografías

Volker Kühl: forofo y filosofante del deporte, apasionado *connoisseur* del arte y de la música, vegano activista y amigo activo del ser humano. Estudió Filosofía y Alemán en Berlín, de donde también es nativo. A continuación, hizo de todo... Pero lo que ha sido principalmente es profesor de bachillerato alemán. Durante cinco años ejerció la actividad docente en Italia, así como en una isla española. De vuelta en Alemania, fue profesor casi siempre en Renania del Norte-Westfalia. En 2021 se apartó del sistema educativo alemán, así como de su estatus de funcionario para mudarse con su pareja de Colonia a Tarragona.

Volker es un gran aficionado al fútbol. Sin embargo, le repele el denominado «deporte de élite» marcado por el dinero y generador de desigualdades. Es por ello, que le ha dado la espalda a la liga de primera división diseñada por la UEFA y la FIFA. Vive una vida que combina aspectos de minimalismo y de sostenibilidad, y sobre ello escribe. Por cierto, ya ha publicado dos increíbles novelas experimentales.

Publicaciones: *Stille* (*Silencio*) y *Palimpsest* (*Palimpsesto*).

Publicación para niños y niñas: *Der schaukelnde Peperinello* (*Peperinello columpiándose*).

Holger Maik Mertin: estudió Etnología de la música en Colonia y desde hace muchos años ejerce como músico profesional autónomo. Además, ha sido columnista, docente y profesor de música, casi siempre desde un enfoque multidisciplinar.

A día de hoy, yo lo definiría principalmente como artista y experimentalista del sonido. Con sus *performances* y su actitud vital toca la intersección del nacimiento de la utopía con una forma de ejercer la sostenibilidad (tanto en su vertiente investigativa como activista) que no se deja verter en rígidos moldes. Sus *performances* son a veces turbadoras y a veces concisas, casi siempre interrogativas, pero siempre intensas y de un enorme impacto sensitivo.

Para poder llevar a cabo sus proyectos investigativos y activistas, ha renunciado a su residencia permanente en Alemania y desde octubre 2020 viaja ligero de equipaje. Ha llegado a trasladarse, entre otros sitios, a Estambul, Pristina y Ciudad del Cabo. Holger investiga interconexiones sociales, herencias históricas y relaciones traumáticas. Cada lugar en sí mismo se convierte en un instrumento que él transforma, toca, interpreta y hace audible.

Las publicaciones de Holger están disponibles a través del siguiente enlace: https://www.holger-maik-mertin.com/

Contenido

En: Olpe - Nuevo comienzo

Un ligero giro de llave y el motor se para. Durante un instante aún, flota en el espacio una tenue vibración. A continuación, se hace el silencio.

Hemos parado el coche. Hemos aparcado casi al borde de la carretera.

Dejamos de conversar. Hace tan sólo un momento, divagábamos con bastante soltura —si es que se puede decir así— sobre el jazz, poniendo especial énfasis en el estilo de los compositores neoyorquinos. Pero al apagarse el CD, también nosotros callamos. Aún recuerdo protestar porque había que darle al bajo un espacio extra para que pudiera resaltar como solista. Ese comentario se quedó suspendido en el aire.

El sol se filtra a través del bosquecillo, bajo cuyas ramas nos hemos parado. Proyecta ligeras figuras a través del parabrisas. Se mueven con suavidad, con ondulantes movimientos que son tan solo un ligero de aquí para allá. Igual de suave será el sonido de las hojas al pisarlas. Me lo estoy imaginando. Las capas superpuestas del verde claro de las hojas amortiguarán y acariciarán este sonido que se filtra entre ellas, amoldándose a las mismas, insinuando una forma especial de simetría y correspondencia.

No hay nada que decir. El efecto de este instante es como el de un punto de inflexión. A ambos nos invade el silencio. Aunque sería una mentira decir que hay silencio. Más bien nos invade una plenitud que aún no podemos asimilar o que se nos escapa, en la que no podemos sumergirnos aún, a pesar de que nos empapa. Silencio no hay. Pero tampoco callamos. Estamos a la escucha a la vez que transcurren varias historias. Otras conversaciones nuestras, parecidas, pero no del todo iguales, nos encuentran y resuenan en nuestro interior. Es posible que también en aquellas conversaciones se hubiera hablado de artistas de jazz neoyorquinos, pero, de lo que seguramente sí se habló, es de opiniones y utopías; de libros y filosofía; de música, de sonido y silencio; de volumen y ruido; de aprender y enseñar; de ruptura y conservación; de poder, de coincidencia y aislamiento y, por supuesto, de amor. Aunque a veces podamos ser radicales, decididos y categóricos, nuestro recorrido no pretende ser dialéctico, sino en todo momento cuidadoso y sensible a las tonalidades intermedias. La nuestra intenta ser una modestia segura de sí misma. Es como ir girando un termostato de izquierda a derecha, o algo así. Lo que hacemos, en definitiva, es buscar. Buscamos palabras, pero también buscamos prescindir de ellas. Buscamos tonos. Buscamos silencio. O miramos los tonos en el silencio y al revés.

—¿Vamos?

—¡Vamos!

Holger y yo nos bajamos del coche, cuyas puertas se cierran con un clac-clap. Se trata de un sonido definitivo en su rotundidad, amortiguado, sin embargo, por la cinta de goma. A pesar de ello, este sonido es como una posición adoptada o una declaración. Es una constatación. Aunque el coche vibra ligeramente, la resonancia es sorda y corta. De alguna forma, resulta tremendamente familiar.

Huellas

Los primeros pasos nos llevan a rodear el coche y a coger nuestras mochilas. Se abre la puerta trasera. Se vuelve a cerrar. Aún nos queda coger algunas cosas del asiento trasero. Son todo movimientos de agarre rotundos y definitivos. A continuación suena el clic de la cerradura.

El suelo es arenoso y está lleno de chinas sueltas. Seguramente, también el polvo hace un leve ruido cuando se desliza sobre el terreno. ¿Podrá escucharlo un escarabajo?

Sólo una vez cruje una rama fina bajo el zapato.

Ahora, el aire nos hace llegar un leve aleteo de las hojas. Lo que percibimos es un murmullo informe y también una tenue palpitación. Aún se escucha la vibración de la autopista y la carretera en distintos intervalos y frecuencias.

Nuestros pasos producen un raspar del suelo que, por una parte, es uniforme en función de la frecuencia de nuestros pasos y, por otra, diferente a cada paso debido a la irregularidad del terreno. Hay nubecillas de polvo que se levantan y pequeños cantos que resbalan rodando. A veces, también jugamos con esos rodamientos. Aunque estos sonidos casi no respondan a una intención musical sincopada y acentuada, no por ello dejan de ser una *performance*.

El camino comienza serpenteando al borde de praderas silvestres hasta llegar a una zona boscosa. En esta parte del camino ya hay más hojas, ramas y piñas caídas. Intentamos escapar un poco del sonido de los coches, por lo que nos adentramos más en el bosque hasta que nos encontramos con una interesante agrupación de árboles, algunos sanos, otros desgajados o muertos. La estructura que forman nos llama particularmente la atención, porque algunos de los árboles están torcidos o tumbados. Nos recuerdan vagamente a instrumentos musicales. Más tarde, nos molestará mucho esta asociación, puesto que de lo que se trata es precisamente de librarnos de concepciones previas. Lo que queríamos era recorrer la naturaleza con una mirada virgen. También desprendernos y liberarnos de fantasías publicitarias.

No nos lanzamos a tocar de inmediato. Estamos sentados. Hablamos de la utopía, o eso creo.

Tanteo con mis dedos las capas de corteza que aún recubren un árbol que se ha quedado apalancado diagonalmente en otro y que tenía una fina capa de musgo con surcos abiertos aquí y allá por insectos que se alimentaron de él. Mis dedos generan un sonido como el del chasquido y el pálpito tosco del humo. Holger está sumido en sus pensamientos mientras me mira. El tacto del árbol me gusta. Aguanta con paciencia que lo toque, columpiándose ligeramente. De él se desprende un poco de polvo. Y también un poco de musgo.

Cojo unas baquetas de madera (eso creo que hice) e intento tocar libremente con ellas sobre el árbol. (Ya no sé lo que toqué. Habrá que ver el vídeo terminado). Intento desprenderme de viejos patrones, de aquello que toco *siempre*. Al principio intento realmente que no aflore ningún patrón. La técnica de baquetas, la postura, el ritmo y la composición deben redescubrirse de nuevas. Al mismo tiempo soy consciente de que lo que estoy tocando se quedaría ahí, que se lo tragaría el espacio.

A continuación pruebo baquetas diferentes. Las más bonitas son las más silenciosas, unas baquetas de gong que ha traído Holger. Los tonos desaparecen tras los movimientos.

Ante mí se abre un gigantesco campo que no soy capaz de conmensurar. Pero resulta maravilloso acercarse a él y tantearse por él como un niño. De mí se desprenden las expectativas. Las miradas no me tocan. Estoy como tendido entre el ritmo, el control, la articulación, la casualidad, la intención, el juego, las sutilezas, el volumen, las tonalidades, la velocidad, los mensajes y los espacios. Pero también percibo nuestra presencia, la de Holger y la mía. Nuestra historia. Los caminos que nos unen y nos separan. La autopista a mis espaldas que me envuelve sonoramente. Cada toque se convierte para mí en una obra preñada de magia, a la vez imposiblemente maravillosa y ligera. Con el tiempo, tamborileando así, llego a zambullirme en el entorno que se torna meditativo. No siempre lo logro. Holger dice que eso también es una forma de técnica instrumental. Aunque él lo expresaría de otra manera.

Poco a poco me doy cuenta de que todos mis movimientos formaban parte del instrumento. Mis pasos, el roce de mis pantalones... Todo genera un *sound* naturalmente integrado en el entorno. Tengo que quedarme quieto, si quiero que no se oiga. Pero precisamente esa sería la forma de silencio que yo no quiero. Por eso, también el follaje se incorpora como un instrumento de percusión. Porque al tocar con la cabeza de las baquetas de gong, el único instrumento que realmente se oye es el follaje. En la toma de vídeo también se escuchan el aire y los pasos de Holger.

Más tarde ese día, bromeamos al respecto, dejándonos caer resbalando por una ladera cubierta de hojas.

Me resulta difícil encontrar un final para mi *performance*. Finalmente logro una mezcla de algo así como agotamiento, desgaste y repetición redundante (he recorrido, de arriba a abajo y viceversa, todo el largo del tronco y sus curvaturas finales que sirven de caballete).

Me siento al lado de Holger en el suelo. Observamos el árbol y su vida. La corteza contaba historias. También sin nosotros.

Holger descubre una rama con varias ramitas sobresalientes, sobre las que toca con diferentes baquetas de madera. Así le sonsaca a la rama un millón de tonos diferentes que pone en un determinado orden para descomponerlo de nuevo inmediatamente después. El follaje susurra. Holger permite que las baquetas se columpien, resbalen, rocen y toquen hacia los lados, hacía arriba y hacia abajo. Su cuerpo forma parte del movimiento de la interpretación sonora. Desprende amor y alegría hacia aquello que le rodea. Pero también expresa ira cuando los toques se vuelven más firmes, duros y cortantes. La rama tiembla. Me tiene completamente fascinado. La interpretación de Holger es, simultáneamente, experimento y mensaje.

Tras muchos minutos, termina su *performance* inhalando profundamente. ¿Puede ser que haya contenido la respiración durante todo este tiempo? Sonríe al ver que yo, su amigo, estoy ahí con él. La naturaleza eleva nuestra amistad a un nuevo nivel.

Su *performance* no abandonará este lugar. Estoy encantado de haberla visto y escuchado. Me honra haber sido su único espectador.

Como maestro, Holga solía decirme: «Ten claro lo que quieras decir». Pero yo no siempre tengo clara una respuesta. Recuerdo que el personaje de una de mis novelas dice: «Quiero decir exactamente esto». Sin embargo, mi tamboreo a menudo es un guirigay. Se me notan mi inseguridad e imprecisión.

Después, nos vamos a tomar algo. Pero no sin poner antes un punto y final a nuestra excursión sonora en una amplia pradera, en la que me pongo a correr trazando unos círculos que Holger no puede oír. En mi percepción todo encaja: oigo el leve roce en mis piernas y siento con naturalidad las vibraciones de mis pasos recorriendo mi cuerpo. Aunque quizás la música se haya creado en mi cabeza. Por supuesto, deseo saber qué le han parecido mis círculos a Holger. «A pesar de no oír nada —dice—, se ha podido percibir el encaje de todo».

Como punto final, gritamos a todo pulmón, como se dice tan acertadamente. ¡Ha sido fantástico! Aunque también una superación. Y un esfuerzo. Realmente, he tenido miedo de perder la voz.

Paseos resonantes

El nombre de nuestro proyecto, *Paseos resonantes*, se explica rápido: es la combinación de dos formas de acceder, tanto activa como pasivamente, a nuestro entorno: Nuestra idea consistió en vagar a pie. Al hacerlo, queríamos percibir y explorar sonidos, viviéndolos de manera tanto activa como pasiva.

En primera línea, lo que queríamos era hacernos con una experiencia propia íntegramente nueva de la naturaleza, pero también de nuestro entorno.

Lo que surgió de aquello fue mucho más que la docena de paseos que logramos realizar juntos. Para nosotros, el proyecto ha llegado a convertirse en un *leitmotiv* o forma de actitud vitales. Ha elevado tantas cosas a nuestra consciencia, que ahora siempre está presente, formando parte de nuestras acciones, libros, *performances*, opiniones, discusiones, conversaciones, así como de nuestro estilo de vida.

De manera que paseábamos. Me complace acudir nuevamente a la etimología, esta vez para consultar la palabra «*spazieren*» («pasear», en alemán): del latín «*spatium*» (espacio, espacio intermedio, recorrido). Se trata, sin embargo, de un espacio que no se mide ni parcela, que no se amojona ni delimita. El espacio del paseo no está prefigurado, es ilimitado y en cierto sentido amorfo. También nos guía, en cierto aspecto, la casualidad. De esta manera, hemos hallado sonidos maravillosos. Por eso vamos casi siempre a lugares, en los que nunca habíamos estado. De pronto, hay ahí un tronco caído en el suelo y una papelera; y un árbol es una pared *s*ui géneris. Podemos sustituir «pasear» por «deambular» y «vagabundear», algo que me parece realmente maravilloso. Vagabundear suena creativo, impertinente; y provoca una sensación entre juguetona y productiva. Es una lástima que se haya desvirtuado la palabra debido a las connotaciones negativas del vagabundeo. ¡Es algo tan fantástico no llevar una dirección cuando se deambula tranquilamente, sin pensar en nada (véase www.dwds.de / www.rae.es)! Frente a estos dos términos, el de «*spazieren*» suena casi forzado. Sin embargo, como acabamos de ver, ese término contiene el espacio. Un espacio que aún no ha adquirido forma, aunque la infraestructura esté puesta. Tampoco el hecho de pasear lo modifica. Pasear no es invasivo. A pesar de ello, impresiona, aunque en realidad deberíamos decir que puede impresionar. Es como estar en un estado flotante de la conciencia.

Había sonidos que casi siempre estaban presentes en nuestros paseos, independientemente del lugar en el que estuviéramos. Como el sonido de coches. Alguna que otra vez también el sonido de nuestros medios de locomoción, cuya intensidad, sin embargo, no era tan fuerte. Por supuesto que un avión hace un ruido tremendo, pero cuantitativamente (hablamos desde el punto de vista del confinamiento) no alcanza ni de lejos al del coche. Lo mismo ocurre con los trenes, que, aunque su presencia sea más cercana, no causan un efecto tan intenso como el del ruido de los aviones. En cambio, los coches generan en nuestro entorno vital una constante presencia sonora. Por lo tanto, hay otros tonos y sonidos que siempre están en relación con los coches. No resultó fácil encontrar silencio. Para eso son buenas las montañas.

Que estemos permanentemente rodeados por estímulos acústicos se ha convertido en una perogrullada. Pero tendríamos que ser más exactos y decir, en el sentido de John Cage, que nunca hay silencio (véase *Silence* de Cage). Pero, ¿qué es lo que nos rodea? ¿Lo que nos rodea lleva siempre alguna información? ¿Y lo que está ahí es realmente un «lo que nos rodea»? Se diría que es más bien una interacción de lo que traspasa, rodea, huye, roza, penetra, somete, embauca. Ondas acústicas.

Esfera sonora, cuyas fronteras externas en principio solo pueden ser captadas mediante la vista. Con el tiempo, de todo ello surge y se desarrolla una comprensión auditiva que puede discernir entre la señal auditiva exterior distante y la interior. Cada una de estas señales apunta a una cantidad de características que, a su vez, significan información. Su interpretación permite, finalmente, una orientación que desembocará en la emisión de un juicio de valor acerca de sus propiedades, conforme a las cuales será estrépito, ruido, sonido, murmullo, vibración o tono.

Al hacerlo, hay que considerar siempre a todo presunto fenómeno individual dentro de una unión. Por eso el término de «esfera», porque las propiedades no se dan en un espacio absoluto, sino en combinación, relieve o contraste. Hay señales que son de contraste o incluso complementarias. Desgajar a la señal de su esfera sonora no le hace justicia ni a la una ni a la otra. Incluso en un sentido diagnóstico nos topamos de esta manera con nuestros límites o con una deformación de los resultados de nuestra investigación.

Lo que intentan muy especialmente nuestros paseos resonantes es mostrarle respeto a esta estructura mediante el intento de captar la esfera, de traspasarla, absorberla y configurarla con los sentidos. Para nosotros cada señal es un sonido valioso o incluso un tono en clave musical. Se trata de un juego que evita que pasemos acústicamente de largo, haciendo como que nos introduce subrepticiamente en una orquesta intuitiva, en la que enseguida empezamos nosotros mismos a configurar acentos aquí y allá.

Por medio del paseo, este juego adquiere un componente espacial, aunque difuso, que refuerza el aspecto no intencionado de los ruidos y los sonidos. En un sentido inverso, los sonidos enriquecen el paseo, lo revisten de una capa que a menudo se queda adherida en virtud de su cotidianidad. Ahora, la experiencia espacial también es explícitamente sonora. En cada relación con las señales acústicas se muestran accesos de lo cercano y lejano. Además, cada juego cuestiona conceptos de dirección, volumen, intencionalidad, configuración y casualidad. Aquí se juntan en sentido literal el acto de ir a un lugar de destino con el destino mismo (el término «ir» se libera así de su aprisionamiento: ir a hacer un trámite; ir por un pasillo; ir al trabajo o al baño; ir y venir).

El avanzar yendo es como una manera de modular la esfera sonora. Es por sí mismo sonido multidimensional.

También elegimos el pasear porque refleja una libertad interior y porque está impregnado por ello de una sonoridad diferente. Se eleva de lo cotidiano y guarda silencio a su manera. Es un movimiento en un ambiente casi casual de señales acústicas que, sin embargo, por sí mismas prácticamente no tienen sonido. Pasear es pacífico.

Infraestructura

¿Cómo llegar de Estambul a Sudáfrica?

Medios de transporte, caminos, posibilidades, zonas, geografía, idiomas, experiencias...

Nada de todo ello, porque a Estambul «se vuela». A la vista de la búsqueda desesperada de Holger por encontrar medios de transporte alternativos, parece que volar es apostar por la opción correcta. Cualquier otro itinerario se considera tan incómodo, peligroso, irrealizable, poco realista o insensato que acaba despojado de su posibilidad de realización. Lo cual redunda en una ausencia casi total de información acerca de cualquier otra opción. Si bien se pueden encontrar indicaciones por todas partes, en ellas todo son imponderables, por lo que nuevamente te ves abocado a los blogs, foros de Internet, etc. Así que en seguida nos invade una mirada alternativa. Sentimos como si a cada uno nos gritaran a la cara: «¡No eres normal!». Esta manifestación podría ser aceptable, si no implicara un sutil reproche moral. Por eso, le entran a uno ganas de responder: «¡Pues entonces, dejadnos hacer que lo que buscamos sea algo normal!».

Intentar ir por una ruta alternativa genera unas discusiones parecidas a tantas otras. Como debatir sobre la renuncia a comer animales o al consumo de alcohol; o sobre el uso del coche o la eliminación de residuos. Se recurre, por ejemplo, a las siguientes frases: «Podría hacerse una excepción, ¿no?». «¡Si una vez no cuenta!». «Todo el mundo actúa así, ¿para qué ser tan escrupulosos?». «Y por qué no vamos a poder hacer una vez lo que hace todo el mundo, ¡qué más dará!», «¡Pero qué necesidad hay de convencer a todo el mundo!»...

Hoy en día, el avión es el medio de transporte más rápido y aparentemente el más económico (aunque estos cálculos no son del todo realistas, porque solo excepcionalmente incluyen los traslados al aeropuerto desde los puntos de origen y de destino y tampoco tienen en cuenta ni los costes que generan la infraestructura y el mantenimiento de un aeropuerto ni la eliminación de sus residuos ni el coste ecológico de su impacto ambiental, etc.).

Imaginemos por un momento —como quien no quiere la cosa— que fuera real la utopía de poder viajar sin necesidad de ir en avión o en coche (en nuestro caso, el viaje en coche está explícitamente desaconsejado). La distancia entre Estambul y Ciudad del Cabo es de 11.444 km, un recorrido a pie de 2.202 horas (lo he mirado en Google. También Google forma parte de la infraestructura, incluso es la plataforma más importante en materia de la infraestructura relativa a los usos comunes. Seguramente, las Fuerzas Armadas utilicen otros medios de consulta). Esto equivale a 183,5 días (medio año). Se deduce que habría que caminar 12 horas al día. Así se recorrerían, dependiendo de la ruta escogida, muchos países. Cada uno de ellos con sus propios requisitos de visado, de tránsito, así como de estancia conforme a sus diferentes modalidades y duraciones (teniendo en cuenta, además, los requisitos COVID específicos de cada país.). Se atraviesan países con diferentes sistemas comerciales, de abastecimiento, así como con diferentes monedas nacionales, cuyos tipos de cambio fluctúan constantemente.

Por eso, cuando la gente planea su viaje, opta por el avión. Si no, serían demasiados los inconvenientes y los cálculos matemáticos que habría que hacer. Al viajar en avión, entran en un lugar, por el cual *realmente* no tienen que interesarse. Es como si la esterilidad de las terminales de facturación repeliera cualquier atisbo de interés. El aeropuerto en tanto que sistema, incluidos sus viaductos circundantes, obliga a los viajeros a ajustar sus movimientos a una férrea coreografía.

Y esto se hace extensible al comportamiento en cabina.

Incluso la venta de billetes está sometida a la ley de facturación aeroportuaria. Esto se ve potenciado por la hiperconectividad *online*. En consecuencia, se produce un abismo de despersonalización, en el que las tarjetas de plástico son más reales que las personas. Marc Augè afirma que el «no-lugar» está configurado por normas.

Reflexionar sobre esto más detenidamente es para muchas personas motivo de inquietud y hasta de miedo. Hay una coreografía que se hace cargo de tu control hasta el punto de apropiarse de tu autocontrol: disponer qué equipaje está permitido llevar y cómo llevarlo, inspeccionar la intimidad hasta el límite de vulnerar la integridad física, desindividualizar el trato interpersonal y ejercer el control sobre la movilidad individual. Uno se encuentra a merced del avión o del piloto. El tiempo de facturación es como un hueco en la vida de las personas. También lo es, casi siempre, el propio vuelo. De hecho, las actividades a bordo no son más que actos pasajeros o transitorios.

El tiempo se condensa en la llegada. Esta palabra, «llegada», está equivocada. Porque volando no es posible percibir la distancia. Tan solo es posible captarla sutilmente. ¿Cómo será la vida de las personas que sobrevolamos? (¿Por qué suscita fascinación ver el mundo desde las alturas? ¿Acaso se deba al hecho de ser capaces de hacerlo, de volar?) ¿Qué culturas, rituales, idiomas, individuos, normas y costumbres de higiene, conflictos, guerras y festividades hemos sobrevolado? ¿Cómo es allí la naturaleza? ¿Cómo se relacionan sus habitantes con ella? ¿Cómo se mueven en ella?

Las fronteras entre los espacios siempre son difusas. Volar las agudiza al convertirlas en fronteras locales. La razón de que en todas partes se construyan muros y verjas es que los espacios se difuminan entre sí. Así se construyen identidades y se evita su crecimiento asilvestrado. Se las determina, pero no se las vive. Allí, donde el hombre interviene, surgen fronteras.

Al volar hemos descartado el potencial de crear espacios o, al menos, de crear movimientos. De esta manera, el acceso a dos aeropuertos —es decir, a dos no-lugares (véase Augè)— interconectan la estancia en dos lugares que no siempre podemos convertir en espacios. Esto hace que volar sea siempre algo virtual. Por eso, muchos turistas tienen la sensación de que su personalidad vacacional se puede separar de su personalidad real. Sus actos permanecen en el lugar de vacaciones sin modificar ni su propia historia ni su personalidad. A ellos el lugar les da igual. Por eso, no se preocupan ni de su conservación ni de su estética; tampoco importa que uno pueda integrarse en dicho lugar o ejercer algún tipo de influencia sobre él. Y, viceversa, no habrá nada de ese lugar que afecte en algo al hogar de los viajeros. Esta red de ignorancia sistemática devalúa los espacios que la gente ha creado, configurado y cuidado a lo largo de los siglos o incluso milenios, convirtiéndolos en simples fachadas ideológicas.

En lugar de honrar esta herencia secular, se crean lugares instantáneos que funcionan como no-lugares. De ellos forman parte las cadenas de comida rápida, marcas de moda internacionales, supermercados para turistas, chiringuitos, infraestructuras turísticas, etc. El novato se encuentra con caminos ya trazados para él, que ya conoce de antemano. Por eso queda poco por descubrir, inventar y percibir. Casi siempre, cuando se nos entrega una cosa, el efecto que debe ejercer sobre nosotros está incluido en ella.

En cambio, caminar exige compenetración. No es posible pasar de largo sin más. A veces, incluso, el camino no existe. Es como encontrarse a merced del entorno, pero participando de alguna manera en él, siempre y cuando no se haga desde una mentalidad colonialista (aún no hemos podido dilucidar hasta qué punto el hecho de viajar no nos convierte a nosotros mismos en colonialistas).

Para ello hace falta llevar a cabo un autocuestionamiento que arriesgue —posibilite— un cambio personal.

Este riesgo —esta posibilidad— es lo que hace que el viaje sea real. Viajar en avión siempre es algo virtual (sobre todo si hay una tupida capa de nubes).

El avión no está vinculado a la persona, sino que está configurado por una alteridad impersonal. Además, casi siempre es propiedad de una compañía internacional (¿acaso un consorcio?) que no tiene nada que ver ni con el lugar de despegue ni con el de destino. Es como si el viajero solo pudiera conocer hasta cierto punto los lugares que visita. En esto, volar se parece a surfear en Internet: no necesita olas. Al igual que cuando se surfea en el agua, también aquí de lo que se trata es de deslizarse simplemente de un lugar hacia otro, sin implicar un agarrarse a algo. Cuanto más veloz sea el medio de transporte, menos importancia tiene el camino. Tan solo parpadean los puntos de parada, pero, cuando hemos visto el sitio que marcan, casi siempre ya lo hemos pasado de largo.

Sin embargo, volar es la mejor forma organizada de viajar, aunque no sea perfecta. Se nos escenifica siempre como accesible y sencilla, además de lo superbarata que resulta.

Contrapongamos a ello la pintoresca palabra «deambular». Su proyección abre un amplio abanico de pasos polvorientos, embarrados y soleados, pero que no giran en torno a un centro.

En el acto de conocer se esconde la casualidad y un desconocimiento de partida. Pero también una apropiación. No podemos conocer los mecanismos de volar, entre otras razones, porque son muy poco transparentes, pero lo que no podemos de ninguna manera es poseerlos.

Al caminar, el entorno reaparece en todo su detalle (véase el ensayo «Paseos resonantes»). Incluso se vuelve una parte intrínseca del viaje. El recorrido adquiere inmediatez. Las impresiones sensibles convierten los lugares recorridos en espacios que se entrelazan y confluyen entre sí. Las fronteras se difuminan. La cantidad de pasos, así como su peculiaridad, hacen que el azar entre en juego.

De pronto surgen preguntas de otra naturaleza que la del ¿hacia dónde?

¿Cómo se organiza un evento?

Concepto etc., público, espacio, suministro eléctrico, abastecimiento, entrada y salida de vehículos, plan de seguridad, guardarropía, *backstage*, horas de comienzo y de fin, publicidad (*offline* y *online*).

Un evento requiere de resonancia. No solo el evento en sí, sino todo su entorno, determinan la forma de dicha resonancia. Así se crea una cadena de interdependencias, responsabilidades, etc. Uno se enfrenta a textos legales y normativos, pero también a los cánones tradicionales y a las tendencias de actualidad.

Pero, ¿qué ocurre, cuando se entiende el evento propiamente dicho como una parte integral del mensaje artístico y no sólo como un encuadre añadido? Inicialmente, se mantienen las circunstancias artísticas externas (esta expresión es contradictoria y opuesta a nuestra forma de entender los paseos resonantes. Simplemente pretende indicar las circunstancias organizativas ineludibles). Pero ahora el evento se convierte en una reflexión sobre sí mismo y sobre dichas circunstancias. Análogamente, se puede decir, que los eventos ajenos a esto representan una afirmación del *statu quo*. En tal caso, o bien empujan al arte hacia los márgenes más cercanos al *marketing*, o bien lesionan aquella parte integral del arte que consiste en un permanente cuestionar e insistir. El arte no debería limitarse a plantear preguntas. Debería incorporar y ofrecer algo así como una estrategia de ejecución. De esta manera, puede trabajar el radio del círculo de su percepción, puede redefinir los medios, puede revalorizar el uso de los materiales o reconsiderar los recursos.

Esto lo ha expuesto Holger públicamente, cuando representó en Estambul *Our analogue me*, en donde no se usó la electricidad. Por eso no hay ni grabaciones ni imágenes. Enseguida se topó con obstáculos: ¿Cómo imprimir, por ejemplo, carteles u octavillas? ¿Cómo publicitar entonces el evento? Las fuentes de Internet han quedado conceptualmente descartadas. La resonancia se «limitó» pues a un círculo directo de espectadores. Pero no quiero decir que se «limitara», ya que es precisamente este tipo de resonancia la que se desea. En nuestra conversación acerca de la planificación no dejaban de surgir cuestiones relativas a esos viejos patrones anteriormente mencionados. Esto nos demostró lo sólida que es la infraestructura de nuestro propio quehacer artístico. No obstante, sabemos que estamos haciendo camino. Estos ensayos permiten mostrar este camino.

En los paseos resonantes intentamos, pues, llevar a cabo una nueva interpretación y configuración de las viejas infraestructuras. Esto se refiere tanto a la expresión artística (así las *performances*, los conciertos o también el presente libro) como a nuestro estilo de vida en general. Por consiguiente, los paseos resonantes son una práctica filosófica. Queremos aprender a desprendernos de lo preestablecido, a cuestionarlo y a decidirnos activamente en favor de todos los ámbitos de la vida.

No se trata de demoler todo lo que hay, sino de sentir que, en tu propia actividad, también son posibles muchas más cosas. Se trata de mantener la justa medida en el buen sentido clásico. Por eso señalamos determinados senderos. También retomamos formas conocidas y las sometemos a una reinterpretación novedosa, similar o idéntica. La reflexión acerca de la mejor forma posible debe recorrer cada uno de nuestros temas. Nos sentimos como catapultados 100 años atrás, es decir, al buen nihilismo de antaño. Pero no queremos ocuparnos solo de sistemas de valores, sino de formas de vida en general. Naturalmente ponemos un énfasis especial en los acontecimientos artísticos y culturales, así como en los musicales.

Igualmente, escribir estas líneas posibilita entender y preparar lo práctico,

puesto que nuestros ensayos también forman parte del camino que van a recorrer estos pasos. Quizás constituyan también un paso en sí mismo hacia una nueva infraestructura. Y vosotros podéis acompañarnos en nuestras reflexiones.

En nuestros primeros paseos nos limitamos al encuentro con los objetos, abandonando de forma práctica el terreno conocido de la generación de sonidos y de la *performance* artística. A la manera de Holger, hemos intentado transformar dichos objetos y, a continuación, transformarnos a nosotros mismos. Además, sabíamos que en un sentido más amplio, al desvincularlo de su realidad socialmente preestablecida, también se transformaba nuestro entorno.

¿Qué tenemos que hacer entonces para cumplir con el espíritu de los paseos resonantes?

¿Cómo se configura una *performance*?

¿Cómo se configura un libro?

¿Cómo se configura la participación política?

¿Como se configura una oposición?

¿Como surge la amistad?

¿Cómo se mantiene una amistad?

¿Cómo nos relacionamos?

¿Cómo nos hacemos sostenibles?

¿Cómo vivir de manera sostenible?

¿Cómo lograr un equilibrio?

¿Cómo mantenernos en la justa medida?

¿Cómo ir de compras?

¿Y cómo es posible unir todo ello entre sí?

Improvisación

Improvisar significa: crear espontáneamente. «Espontáneamente» (*aus dem Stegreif*, en alemán), ¡qué expresión tan maravillosa! Pintoresca y lírica a la par. La palabra «*Stegreif*» está cargada de ímpetu asociativo. Antes, curiosamente, escribía la palabra con la letra «h» en lugar de la «g». Pero lo correcto es «*steigen*» (subir) y no «*stehen*» (estar de pie). Su etimología esconde la palabra estribo (*Steigbügel*). El término alemán de 'crear espontáneamente' adquiere por ello una nota maravillosamente plástica: la del jinete que resuelve algo, o bien rápidamente y sin bajarse de su montura o bien de inmediato y sin dudarlo al apearse.

Crear espontáneamente. Como si estuviera uno mismo pisando el estribo. Aunque tan solo sea un pie, es una *pars pro toto*. ¿Sería importante dirigir nuestra atención al pie?

Crear espontáneamente. Hacer algo sin un plan previo y o sin premeditación (véase www.dwds.de / www.rae.es). Pero otra acepción ocasional de esta expresión es «contar con medios sencillos». Lo principal, por consiguiente, es el método de ejecución y no lo que se crea.

Darle forma espontáneamente a algo. ¿Desvelar una forma? ¿Traducir?

Crear espontáneamente. Este término es más bonito que el de su antecesor latino, transformado por el paso del tiempo hasta su actual versión: «improvisación». «*Providere*» significa 'prever'. El «im» es su negación. ¿No se prevé? ¿No es previsible? ¿No se ha previsto? Es aquí, de donde surge la doble imagen. Por una parte, la de la cosa, percibida a priori, y por otra, la de aquél, aquella o aquellos que la perciben.

Espontáneamente. Por lo tanto, voy clavado a mi montura a una determinada velocidad y con una meta. No me paro al agacharme desde la altura para darle un talero a un chico necesitado que se me cruza. No me detengo. ¿Acaso no es esto algo predecible? Pero, para que pueda serlo, hay que conocerme. Y también al chico.

Espontáneamente. Imprevisto. Pero, si hubiera conocido todos los pormenores, quizás ya hubiera sido predecible a priori.

Espontáneamente. Al tocar música, por ejemplo jazz, los músicos y músicas improvisan. Fundamentalmente, nosotros nos ajustábamos a las reglas que marca la interpretación musical. Lo aparentemente impredecible ya había sido encadenado previamente (¿Estoy siendo demasiado dramático?, ¡ni mucho menos!). La interpretación improvisada no debe entorpecer la continuidad prevista, tan solo debe continuar y/o variar motivos y temas. En este caso, la improvisación es «una hoja en blanco». No se puede tocar música improvisada, sino improvisar tocando.

Crear espontáneamente. Algo deforme, amorfo, adquiere una forma. Pero queda bien expresarlo como un proceso relacionado con el acto de la creación.

Crear espontáneamente. Surgir en el momento. Sin embargo, no hemos resuelto la forma de la permanencia.

Crear espontáneamente. Descubrir y simultáneamente interpretar música (o aquello que se entienda por música o se considere como tal, nos gustaría balbucear entremedias).

Crear espontáneamente. El comadrón o la comadrona de la composición.

Crear espontáneamente. La improvisación se entiende, por consiguiente, como algo pasajero e irrepetible, aunque nuestra producción musical contemporánea prácticamente haya acaparado ambos términos. Solo es pasajera la interpretación mientras no se retiene. Mentalmente estoy viendo miles de cámaras de móvil, de tomas de televisión, cortes de audio, vídeos de Internet de mejor o peor calidad. Me parece que el tiempo de la improvisación ha pasado. Hoy en día todo se cautiva y atrapa. Como consecuencia natural de haber cruzado esta frontera, también se cruza la de la replicabilidad. Pero nos estamos acercando cada vez más al término que queremos encontrar.

El término de «improvisación», adaptado al alemán desde el original italiano, implica la idea de falta de previsión. Al darse, el mundo descarrila de sus *supuestas* vías. Pero, ¿quién consigue no prever? ¿Esto afecta solo a los receptores y receptoras o también a los improvisadores e improvisadoras?

En la improvisación, todo lo que ocurre es bienvenido. Naturalmente, esto no hay que tomarlo al pie de la letra. A la improvisación le tiene que ser inherente el «regreso». Pero, ¿a qué se refiere entonces el «todo»? ¿Qué es lo que exactamente forma parte de lo que ocurre? Precisamente, es con nuestros paseos resonantes, con los que teníamos la intención de explorar estas preguntas. Como ya expusimos en nuestro ensayo «Nuevo comienzo», es difícilmente aceptable acotar de forma concisa las fronteras de lo que ocurre. No obstante, existe el momento de sumergirse. Pero esta metáfora no nos ha ayudado nada. Porque «sumergirse» significaría, en realidad, que uno no forma parte del todo, sino que comienza a partir del borde de la piscina. Tampoco nos complace la evocación del movimiento de arriba abajo. Puede ser, que lo que hagamos sea fusionarnos con el mundo como el sol cuando sale o se pone, como si entráramos en un espacio. «Nos conectamos», sería quizás la expresión más adecuada (aunque Volker acaba de rechazarla por tener cierta connotación espiritual. Para quien interpreta, esta es, ciertamente, una forma de conexión o de fusión. La conexión aún es algo menos rígida, aunque no por ello menos comprometida y menos responsable. La interpretación es un tirar de hilos entre el entorno, uno mismo, la propia intención y el propio estado de ánimo y necesidad. En caso de fusión, se presupone que las partes integrantes ya no se pueden separar. Podría haber también un término medio...

Este conectarse trae consigo, que el *todo* invocado con anterioridad ya se ha encogido. Definámoslo provisionalmente como: «Todo lo que se somete a una conexión». De esta manera, su significado aún sigue teniendo una amplitud impresionante.

No exige poco del intérprete o la intérprete que tiene que tantear el ambiente (lo cual ya forma parte de la interpretación), localizarlo, aclarar su contexto, percibir su emotividad (tanto la interna como la externa), entendiéndola y asimilándola emocionalmente. Es como un paseo, si consideramos que los pasos, las conversaciones y los ritmos corporales están alineados con la interpretación.

De ello resultan diferentes actitudes que abarcan todo el ramillete entre la modestia y el orgullo. Por eso, también es posible que se dé una conexión en el rechazo. Pulsar las cuerdas de forma constante también puede implicar una conexión. Asimismo, es posible conectar a partir del silencio, de la no-acción.

Lo percibido es el *todo*: saber no se sabe cómo lo que ahora va a ser. Holger dice, que es una forma de meditación, de trance, de diluirse en el medio ambiente.

En nuestro caso, se trataba de captar la naturaleza desde la tonalidad, de adentrarnos en la esfera tonal (como venimos de una ciudad, ya tenemos una clara consciencia de lo que significa estar dentro o fuera).

La improvisación no está escrita —en eso podemos ponernos de acuerdo—, pero, en sí mismos, ni la música ni el sonido son algo escrito. Hasta que no se realizan respectivamente los símbolos musicales, no se forma música en el oído del oyente. En esto coinciden la interpretación y la improvisación. Este es el gran resultado del 4:33 de John Cage.

En cierto sentido, nuestra improvisación tiene que ser imprevista (una palabra que logra brillar con dos prefijos. El «pre» amplía mediante el factor temporal el ordenamiento activo de una situación (prever). Este ordenamiento es anticipativo. Bruscamente, sin embargo, pasa a ser negado mediante el «im», aunque no se llega a tornar en lo contrario. La negación no anula toda la disponibilidad). En este momento, se nos echarán encima los críticos y las críticas perspicaces, aduciendo que estamos incurriendo en una contradicción ya a partir de establecer un escenario, a lo que no nos vamos a oponer. Tan sólo les vamos a remitir a nuestros paréntesis, pues suponemos, que no los han leído. Lo imprevisto de nuestro experimento es el encuentro con situaciones, espacios (esferas) de sonido, con el ambiente, las atmósferas, las cosas, que sólo conseguíamos imaginarnos vagamente. Solo con entrar en ellos percibimos, reconocimos o experimentamos lo que en ellos había de estimulante y soso, bello y feo, atractivo y repulsivo, acogedor y repelente, simpático y antipático. Y, *grosso modo*, no sabíamos qué instrumental nos deparaba el cachito de tierra que habíamos escogido. Además, nuestras *performances* se desvinculan del formato social acostumbrado en las representaciones.

Nuestro primer contacto consistía en encontrar alguna forma de aproximación y de afinidad.

¿Cómo me aproximo? Pero me tengo que preguntar igualmente, si esta es la pregunta correcta. Aproximarse sugiere una distancia.

Y, efectivamente, esta existía. Puesto que para nuestros paseos habíamos elegido previamente lugares, a los que, en un principio, no pertenecíamos. ¿Cómo entender esto? Pues, de primeras, es muy sencillo. Son lugares que no se encuentran dentro de la circunferencia directa de nuestras actividades. Hemos cogido nuestras bicicletas o el coche para llegar a ellos. Debido a que comenzamos durante el confinamiento de la pandemia del Coronavirus, esto significa realmente, que hemos superado una distancia. De alguna manera, al principio también tuvimos que aproximarnos el uno al otro. El camino en coche por sí mismo nos ataba menos que ir en bicicleta, pues nos dejábamos guiar por el navegador. El sonido de las dos portezuelas del coche al cerrarse enmarcaba nuestro tiempo en aquel lugar lejano. Nuestros paseos hacían resaltar nítidamente el ambiente singular del interior del coche, con ese olor especial y su insonoridad. Los trayectos en coche eran como una cápsula del tiempo, aunque los llenábamos de conversaciones y de una sensación expectante de partida. También eran las puertas entre nuestra rutina diaria — movida, cargada de responsabilidad y marcada por la digitalización— y la tranquilidad, lo pausado, del entorno natural. El camino de la aproximación (al principio solo a una determinada dimensión de la naturaleza) era un deslizamiento hacia ella (por eso más completo en coche que en bicicleta), durante el cual claramente nos ajustábamos sin un rumbo fijo. Éramos conscientes de que cada paseo conllevaba un determinado grado de intimidad que ocasionalmente precisaba de una preparación, es decir, una primera forma de conexión. A veces, esta transformación «crujía» más. Recuerdo un día, en el que Holger apareció con un monopatín en el punto elegido, dándole así a la *performance* un primer impulso. La forma del movimiento fue *performativa*, así como melodiosa y transida por un determinado ritmo.

Aunque yo ya sentía el *deslizamiento*, casi siempre había un momento, en el que tenía la sensación de percibir el pistoletazo de salida. A veces, cuando cerrábamos las portezuelas, de inmediato estábamos *directamente dentro*. A veces, de pronto, estando aún en situación de búsqueda, nos asaltaba una idea, una inspiración o algo parecido. De pronto, uno de nosotros se agachaba, arrojaba la mochila al suelo o sacaba una baqueta. Del momento efímero de percepción aleatoria surgía un momento de creación de sonido (aunque no se puede hablar aquí así estrictamente de creación, sino de un «sonsacamiento» de sonido). Cada uno de estos momentos se sumergía en intimidad y espontaneidad. Se convertía en algo muy personal, en el que nos sumergíamos algunas veces solos, pero también muchas veces juntos. Entonces, se generaba un mundo de sonidos, que se integraba o servía como punto de partida de una consagración al entorno, desorientada aún, pero con una dirección cada vez más y más precisa.

Pero, por el momento, de lo que estamos hablando es de la aproximación. Hemos dado, pues, el primer paso, consistente en llegar con un medio de transporte a un lugar que nos parecía susceptible de ser potencialmente apto para desarrollar nuestro experimento. Estos podían ser zonas boscosas, el Rin o las inmediaciones de una base militar. Todos sitios que nos eran desconocidos, lo cual ya implica una distancia. Esta contenía por sí misma, además de nuestras expectativas, experiencias previas en lugares similares, lo cual no por dejaba de esconder una gran aleatoriedad. Para ser más claro: no sabíamos siquiera, si íbamos a encontrar árboles de hoja caduca o perenne. Por ello, nuestros primeros pasos al salir del coche casi siempre eran orientativos; hablábamos sobre los posibles caminos que había. A continuación, se trataba de comprender el entorno. Entiéndase 'comprender' en su sentido más amplio, por favor. Este incluye tanto la comprensión cognitiva como la aprehensión sensible, la inmersión emocional y la afinidad física. Estas cuatro dimensiones eran como las cuatro columnas del *campo,* en el que queríamos actuar. Ninguna de ellas destacaba sobre las demás, sino que sostenían algo así como una danza en torno a una esfera sonora. Puede surgir algo que se imponga o, por el contrario, algo que permanezca modestamente oculto; también puede haber algo que haya que conquistar, si es que realmente se debe conquistar.

Un ejemplo: en una de nuestros primeras excursiones (¿la primera?), nos encontramos con un tronco cubierto de musgo, visualmente parecido al *overtonedrum* de Holger. Obviamente, las posibilidades, como se dice, *técnicas* de tocarlo eran limitadas. Además, estaba rodeado de determinadas formas: las hojas que susurraban y siseaban o que crujían y crepitaban inesperadamente estaban esparcidas en capas por todo el suelo. Y, sin embargo, nos recordaban a ciertos sonidos de la percusión que reconocíamos. Por ahí había paseantes que conversaban, pedaleaban o que saltaban con su *mountainbike* BMX por una colina, mirando y no mirando. En un primer plano también estaba el piar de los pájaros. Escuchamos la llamada del mirlo, larga, pero colorida, y algún otro piar aislado, así como al pájaro carpintero gorjear y tamborilear. El silencio debido a la ausencia de viento se hacía notar. Se trata de un juego permanente con el silencio.

En cuanto nos acercamos al tronco, sonó algún que otro ruido más. Cada paso tenía como trasfondo algún eco polifónico. Al mismo tiempo, se levantaba el polvo de las hojas del suelo, de manera que el aire susurraba a través de la luz del sol. Para empezar a tocar el tronco, había que agacharse mucho (no así durante la excursión a Olpe, en la que hubo un tronco parecido, pero que permitía tocarlo desde la altura del pecho). Se hacía necesario adaptar nuestra posición frente al tronco en función de lo que nuestros cuerpos sentían.

Lentitud

El crecimiento de la naturaleza es lento, increíblemente lento.

Nuestros paseos resonantes son lentos. Son incluso profundamente lentos. Los paseos, las conversaciones, las *performances*, el escuchar, la filosofía, la escritura, el silencio, las vacilaciones, la superación, la repetición. Ni siquiera ahora, cuando hacemos nuestros paseos resonantes mediante extensas videollamadas, han perdido esta parte integral que los constituye. Sólo que, lamentablemente, la distancia nos ha quitado alguna que otra dimensión de estos paseos. Pero en este texto también tengo la intención de demonstrar, que los paseos resonantes han sido posibles precisamente gracias a la lentitud.

Nuestras excursiones me han enseñado una importante lección sobre ella: que es profundamente humana. Por eso, quiero intentar no entender las palabras «lento» y «lentitud» como contraposición a «rápido» o a «rapidez», sino como portadoras de una fuerza y una cualidad propias.

Cuando pienso en la «lentitud», recuerdo un texto de Hermann Hesse. También pienso en las obras de Haruki Murakami, Jun'ichiro Tanizaki, en *La forma de la belleza* de Berzbach y en muchas otras; pienso en la *Glasshouse* de Johnson, en Mies van der Rohe, Avishai Cohen, Johnny Cash, John Cage, Morton Feldman y en Gundermann. Pienso en el trabajo de Holger y en nuestras *performances*.

Esas palabras cuidadosamente elegidas por Hermann Hesse, que miraban al mundo desde una belleza plena y un rigor suave, sin estridencias, me habían cautivado en mi juventud. Expresan una maravillosa conjunción de todo ser, captada mediante la belleza formalmente perfecta de su lenguaje. En cierto modo, el lenguaje de Hesse es desenfadado, ligero. Me cautiva como un susurro desenfadado, despreocupado. Además, en el lenguaje de Hesse parecen perpetuarse tradiciones lingüísticas que permanecían olvidadas desde hace mucho tiempo, voluminosas, extensivas, cargadas de giros enrevesados.

Los textos de Murakami destellan gozosa minuciosidad. Su estilo es desenfadado y silencioso, incluso en la descripción de la crueldad y la dureza. Sus protagonistas son reflexivos y aparentan ser pasivos. Las cosas acontecen a su alrededor; acontecen con ellos, y ellos las aceptan incluso cuando lo acontecido es mágico o inexplicable. Los protagonistas son más observadores que los actores. Mediante una descripción extensa, aunque también sobria y repetitiva, en Murakami los acontecimientos cotidianos adquieren una inusual importancia.

En *Tanizaki*, encontramos la lentitud en el amor al detalle y en la minuciosidad casi inaccesible hacia la que este detalle fluye. Leer sus libros es como deambular con todos los sentidos alrededor de las cosas y personas descritas. Hace que podamos sentirlos a todos, que las telas nos resbalen entre los dedos y que todos los matices tengan la importancia que exigen.

En *La forma de la belleza* de Berbach lo que me ha extasiado es la referencia al manejo de los objetos artísticos. Tiene en cuenta la descomposición de un objeto de arte, incluyéndola en su tiempo vital. De esta manera, extrae al objeto de esa convención tan propia del mundo del arte de «mirar y no tocar». Así, el arte se vincula a la vida y a sus diferentes experiencias, como las que hieren, las que alegran, las que nos hacen felices o nos hacen sufrir y, naturalmente, a la experiencia de la mortalidad. Sin embargo, a un objeto se le trata con cuidado. En su cuidado, el objeto adquiere dignidad.

La lentitud que percibo en el *Glasshouse* de Johnson se encuentra en su claridad, transparencia, singularidad, inclusividad y conectividad. Lo que transmite es tranquilidad y el reposo sobre sí mismo. Se puede percibir un fenómeno similar en Mies van der Rohe, de quien recuerdo en particular la Nueva Galería Nacional en Berlín, así como el Pabellón en Barcelona. Al igual que Johnson, Van der Rohe ha trabajado la superación de lo interior y lo exterior, así como la completud. A tal fin, coloca en otros de sus proyectos las obras sobre una plataforma (véase la *Farnsworth' House*).

En la música, la lentitud se transmite mediante el silencio, la tranquilidad, la intensidad, la empatía, la repetición y las ganas de experimentar. Se me ocurren muchos nombres y tonalidades al respecto: Avishai Cohen, Johnny Cash, John Cage, Morton Feldman, Philipp Glass, Steve Reich, Tom Waits, Gerhard Gundermann, Leonard Cohen. ¿Ninguna mujer? Aquí tuvo que ayudarme Holger: Beth Gibbons von Porthishead, Cindy Sherman, Kim Gordon von Sonic Youth, Tracy Chapman, Clara Schumann, Shirin Neshat.

Ni que decir tiene, que la lentitud también se encuentra en la multitud de formas que hay en las bellas artes, es decir, en la pintura y la escultura. Por ejemplo en Magritte o Rembrandt. Pero también recuerdo un dibujo a lápiz que muestra a Holger durante una *performance*. Su lentitud reside en la reducción de la forma.

Lo que más a menudo me cautiva de los trabajos realizados por Holger son los momentos silenciosos, lentos y tiernos. (Por eso me encanta participar en los preparativos de las *performances*). Se trata de una cuidadosa búsqueda, ágil y artística a la vez, de unos momentos ricos en empatía y apego. Se podría afirmar, que Holger ha hecho de la búsqueda en sí misma una forma de arte, en la que la lentitud queda incorporada. En ella se refleja una compenetración integral del cuerpo y de los sentidos. Aunque no siempre sea halagadora y acogedora (a veces incluso puede llegar a repeler), la experiencia tiene una lentitud gozosa. La lentitud es inmanente a la intensidad de la entrega. Holger se disuelve tanto en su entorno, que se lastima al sumergirse en él, al entrar en contacto más directo posible con él. Se transforma en la piedra con la que interpreta su musicalidad. Se convierte en el cardo con el que actúa. De esta manera, su *perfomance* siempre se balancea en un equilibrio tembloroso y sensible entre actividad y pasividad. En mis oídos suena como lo que dice Bruce Lee: *Be water! Water can flow or it can crash.* (ww.youtube.com /watch?v=cJMwBwFj5nQ – véase el ensayo en el presente tomo) La lentitud está inscrita en este equilibrio. Holger se toma su tiempo. — Uno no se puede tomar el tiempo. Tan sólo podemos configurar los momentos que pasan (véanse también sus performances de 24 h o 36 h). En ocasiones, Holger incluso supera al tiempo, se lo apropia. Le horroriza la limitación del tiempo, porque no le permite relatar. En esto es como un escritor divagante. Véase, por ejemplo, *el Hombre sin atributos* de Musil. Si le superponemos a ese texto un *cronograma* o si analizamos en él las dichosas «ventanas temporales», percibimos cómo el texto se tensiona. Se contrae. Esta contracción es una forma de conocimiento del proceso de compenetración y de disolución en el espacio, en la atmósfera, en la esfera sonora.

Durante el tiempo de pandemia, nos vimos liberados de la normalidad horaria del día a día. Esta circunstancia nos dio una libertad y tranquilidad que aprovechamos al máximo. Los paseos resonantes son, por consiguiente, un experimento sujeto a una determinada temporalidad.

El aspecto experimental de estos se asemeja formalmente a la aproximación dubitativa al agua del mar. Paso a paso (casi siempre, pasito a pasito) cambia la textura del suelo, las olas se suceden, cambiando de forma, altura y fuerza. El aire se transforma: de pronto pulveriza toda su frescura o se calienta. De pronto, despliega toda su esencia. El agua se adapta al cuerpo, encuentra en él una misión que acepta en silencio. El *Palomar* de Calvino recoge maravillosamente este momento. —La actitud frente al agua, el deseo de hundirse en ella saltando, rebotando, resbalando, caminando, esperando, de forma activa o pasiva, se hace patente a través de la postura corporal.

El cuerpo y el espíritu se sujetan mutuamente. En esta aproximación no se oculta ni obligación ni tarea alguna. El acto está transido de un deseo general de compenetrarse, de sumergirse en el sentido más auténtico, pero también en el de crear algo. El mar lleva lo creado consigo y dentro de sí, al igual que el bañista. Nuestros paseos resonantes han cambiado los bosques y los bosques nos han cambiado a nosotros. Las resonancias de estos cambios se dejan sentir después en nuestro entorno, en nuestro prójimo, pero también en nuestro posterior estilo de vida.

En lugar de escribir, me gustaría crear una imagen. Veo la imagen de una tímida gota al caer en una rústica y grisácea taza de té. Dos manos, algo arrugadas, llenas de historia. Han sido usadas. Hay una pequeña cicatriz en el pulgar izquierdo que no parece ni demasiado grande ni demasiado dramática. Las manos tienen un moreno irregular. Están algo secas. Las palmas —duras, agrietadas y callosas— más que verse, se intuyen. Las manos sostienen con suavidad y elegancia la suave y humeante taza de té. El cuenco es sencillo. Parece no tener peso. Tan solo tiene un escrito borroso, impreso tan gris sobre gris, que casi no resalta del fondo. Aún se adivina la pequeña tetera que acaba de llenar el cuenco. Las manos lo elevan con cuidado. Perciben su vulnerabilidad, como también perciben la suya propia. Las manos y el cuenco se complacen mutuamente. Ambos son pasajeros. Cuidadosa y silenciosamente, el cuenco es acercado a la boca. El vapor sube por la nariz y los labios sólo toman un sorbito de té, cuyo aroma inunda la lengua. A continuación, las manos vuelven a bajar el cuenco. Este movimiento descendente transmite agradecimiento. En este pequeño circuito se encuentra la vida entera.

La «lentitud» en los paseos resonantes queda enmarcada por una moldura que la eleva de ese nivel tan descuidado y desvirtuado del idioma coloquial (en el original: *wertverschobene Zerknitterheit*), en el que la «lentitud» lleva un tacto temporal desbordante y en el que se llega a percibir como si fuera un obstáculo. La lentitud es un puente en ruinas entre lo inacabado y la meta establecida. Lo que aquí se entiende por «lento» es la carga de lo inconcluso. Es una sensación tirante, que siempre percibe la acción en otro lugar o en otra situación. La lentitud, sin embargo, abraza lo inacabado. O mejor dicho: términos como «orientación hacia un objetivo», «acabado», «completado» no son parte de un estilo de vida lento.

Este estilo de vida no se orienta relacionándose con unidades de cálculo o de medida. Se escapa de lo mesurable.

Por eso, para llegar al fondo de la lentitud, hay que considerarla como un fenómeno independiente. La «lentitud» es pacífica, porque contiene goce, tranquilidad y equilibrio espiritual. Es el fundamento de la interioridad.

Un esprint, por ejemplo, no puede ser lento, porque se realizaría en un marco de tiempo ampliado que no cumple con las expectativas. En esto yerra el lenguaje de los deportistas. No obstante, la mayoría de los tipos de pasos humanos son lentos, aunque sería mejor decir, que llevan consigo la posibilidad de la lentitud.

Caminar, pasear, marchar, correr. El ser humano se desplaza sosegadamente. Al correr se produce la transición hacia el esprint, momento en el que la lentitud se rompe. Los tipos de marcha en lentitud son percepciones del cuerpo en el entorno. Está llena de impresiones, que hacen perceptible la unidad entre el corredor o la corredora, la forma del movimiento y el entorno. Para ello, todos los sentidos tienen que estar en alerta, listos para percibir. El corredor o la corredora lenta percibe multidimensionalmente, se encuentra, por así decirlo, correctamente en un entorno que se convierte en su mundo. Esa forma de correr es el equilibrio entre actividad y pasividad, con el que ya nos hemos encontrado con anterioridad. El corredor o la corredora corren despacio, pero decir que son lentos es un capricho inadmisible. Por eso, hay que encontrar una velocidad de marcha, en la que ir despacio aún sea posible. Esto no se puede generalizar, sino que hay que orientarse en cada uno de los corredores o corredoras respectivos. La base de ello es la constitución, así como su voluntad, pero además también las especificidades del terreno. Correr en la montaña tiene otra lentitud que en la ciudad o en la estepa. El entorno, a su vez, puede dificultar la lentitud. Podría ocurrir, que uno tenga demasiadas cosas que hacer, de manera que no sea posible alcanzar un estado tranquilo, pacífico y contemplativo. A menudo, detrás de algo así se esconde una situación de apuro de la que no hay escapatoria.

Un correr que no es lento se parece a una huida o a una cacería. El espejo que refleja esta circunstancia es la respiración. Por otro lado, de esta manera se revela todo lo que la lentitud abarca pacíficamente. Asimismo, en la lentitud el reparto de fuerzas es más económico, debido a lo cual, por lo general, es posible correr durante más tiempo. Correr lentamente es menos peligroso, por lo que el cuerpo puede estar más en consonancia con la percepción y con el hilo de nuestros pensamientos. Nuestros pensamientos son lentos, y más lento aún es su hilo conductor. Todo lo demás se parecería a lo impulsivo. Pero el hilo tiene que estar estrechamente anudado. Ha de estar a salvo de pedradas, ha de entender y permitir sus ramificaciones y ha de poderse orientar en las carreteras de un solo sentido; además, debe permitir rodeos y disfrutar de ellos o saber salir de un callejón sin salida. En tal caso, ha de abrirse, entrar a discutir y cuestionarse a sí mismo. A la lentitud no le preocupan los movimientos superfluos. Pensar contemplativamente es algo profundamente humano, y correr lentamente no sólo lo permite, sino que hasta lo impone. Hay que compararlo con la ociosidad que alimenta a la imaginación y a la creatividad. Por lo tanto, el arte (como la destreza) nace de la lentitud. Por eso la lentitud también es peligrosa.

Escribir a mano es lento. Escribir ya lo es por sí mismo. Sin tener en cuenta, claro está, la escritura de tipo copista, estenográfica, funcional o similar. Escribir a mano es una toma de tierra, conecta con las superficies, sobre las que se escribe, es cansado y es particularmente único. Cada carácter escrito, así como cada uno de sus trazos, tiene su propia dinámica, su propio sonido, su propia sensación; cada texto contiene su propio olor, su propio peso. Sin duda adquieren un significado especial el utensilio para escribir, así como la base y el material de soporte, y por supuesto además, el lugar donde se escribe. Esto, cuanto más cuesta «transportar la tinta», más evidente se hace. Sólo la escritura manual permite —incluso exige— que en el proceso de escribir se reconsideren los propios pensamientos. Escribir a mano fusiona el proceso de escritura con el pensar y el tejer del hilo discursivo. A pesar de que parece que la escritura va cojeante a la zaga de nuestros pensamientos, en realidad es su bello espejo, puesto que les aporta una dimensión sensorial, sin la cual no serían tangibles. Hace que los pensamientos sean constantes en sentido material. (Existe un miedo absurdo a perder el hilo cuando se escribe a mano, cuando lo que ocurre es precisamente lo contrario: lo crea. Ese miedo hace que mucha gente escriba como en trance.) La letra es entonces particularmente redonda, suave y despreocupada. Separar ambos es una tarea prácticamente destinada al fracaso. De toda esta constelación surge la singularidad del escritor o la escritora.

Siempre se da el caso de que lo escrito esté dirigido a un lector o a una lectora, pero cuando ese lector o lectora es el propio escritor o la propia escritora, este o esta percibe con qué extenso cuidado se escribió. Puede percibir la complejidad que implica el proceso creativo extensivo de la escritura a mano. Para estos lectores, la redondez de la letra ha de ser lo más clara posible en cuanto a su curvatura y sus volúmenes, y las líneas han de mostrar propiedades reconocibles. No obstante, la letra personal de cada cual es única, lo que hace a su vez lenta su lectura.

En el colegio, se invoca inicialmente esta lentitud, puesto que se centra en enseñar a escribir para terceros (de forma tan predominante, que escribir para uno mismo pierde su valor). Sin embargo, se la invoca para extirparla de la escritura. Lo que se esconde detrás es la exigencia de pulcritud. A este anhelo también está subordinada la opción de utilizar utensilios para escribir lentos. De esta manera, se mecaniza la escritura durante el proceso de aprendizaje desprendiéndola de su disfrute. El colegio considera que la escritura es algo inacabado. Se vuelve algo externo. Precisamente es esta mecanización la que tiene que extirpar la lentitud.

Aprender es lento de una multitud de formas. Aprender en el sentido de adquirir un recuerdo duradero requiere de muchas repeticiones, del uso práctico y, en algún caso, de rodeos estratégicos y lejanos. Luego hay que poner a prueba lo aprendido incorporándolo a otras acciones. Entonces surge un cuadro complejo que determina nuestro mundo real y estimula nuestra imaginación.

También se tiene que poner a prueba y acostumbrar el movimiento de la muñeca. En todo caso, el aprendizaje en general debe lograr que el yo vea reflejado su mundo en él. Lo aprendido ha de darle forma, ampliarlo, mejorarlo y cuestionarlo. El yo lo forma subjetivándolo. Si no, lo aprendido permanece independiente de la persona como los libros de una biblioteca pública.

En el colegio se ha expulsado a la lentitud del aprendizaje.

En la producción artística hay lentitud. Pintar es lento. Hacer poesía, también. También a la composición musical le es fundamentalmente propia la lentitud. La lentitud en la música, en la tonalidad, en la *performance*. Es una parte integral que se hace visible en la visión total que tiene en cuenta el aprendizaje, la representación, el razonamiento, los borradores, así como los cabos sueltos, la paciencia, etc. Entonces, es posible reconocer fácilmente, que incluso a las piezas más rápidas le son inherentes la lentitud. Hacer fotos es lento. Apretar el disparador no lo es. Es lento calcular sin calculadora, hacer proyectos de bricolaje, fumar en pipa, investigar... También pueden ser lentas las acciones aparentemente pasivas. Así, por ejemplo, leer, ir a una exposición (mirar cada cuadro), ir a un teatro, a la ópera o a una *performance* intensiva. También es lento el acto de escuchar en el ámbito privado. Y junto a la escucha, la empatía.

Percibir es un proceso creativo equiparable al de trenzar un hilo mental. La experiencia de una expresión artística lleva poco a poco a su enunciado. Para ello es necesario que haya creatividad, ociosidad y entrega. Los mundos del receptor y del productor se solapan, sin que el segundo haya apenas participado. Es como si el receptor introdujera sus propios planteamientos e ideas, al igual que introduce, discute, integra o rechaza las del productor. Para ello debe dejarse extasiar por la declaración. Igualmente debe esforzarse y luchar consigo mismo y con el mundo para saber cómo era el mundo antes de la percepción y cómo puede o ha de serlo después. Tiene que implicarse a fondo o, dicho de otra manera: «En cuerpo y alma». El día a día nos quita la posibilidad de asumir esta «actitud mental». Se podría incluso afirmar que, por el contrario, es el día a día, el que produce dicha actitud para poder identificarla. Crea umbrales que separan del arte tanto al receptor como al productor. Parece como si, por el arte, fuera necesario salirse de la cotidianidad, como si se colocara al arte en un pedestal. Se le construyen edificios, se le crean escenarios, se lo eleva, se le dota de recursos y se le premia. Así, es algo especial, fuera del alcance de cualquiera. La barrera económica es un reflejo material de ello. La transacción económica, sin embargo, no es lenta.

Los medios de producción modernos y las plataformas han transformado este umbral. Pero de esta manera reafirman aún más el carácter mercantil del arte. Lo que hacen muchos es extraer del arte su componente táctil. Además, casi nunca permiten una concentración profunda en lo que se percibe.

Aunque se fomenta de forma salvaje la destrucción de la lentitud, es interesante comprobar que se destaca el valor de las cosas lentas: «Todo lo bueno lleva tiempo», (aunque se nos diga lo que es bueno). Las mercancías cuidadosamente manufacturadas de producción lenta se valoran más y se pagan mejor que los productos en masa, y, sin embargo, se acelera la producción de estos últimos haciendo que la adquisición de los primeros resulte prohibitiva.

Este mundo diseñado para funcionar con velocidad también nos aliena físicamente de nosotros mismos. Obstruye nuestros sentidos, nos atonta, amodorra e inmoviliza. Lo lento se ha convertido, por lo tanto, en un arte que requiere ejercitarse. Se ha trasladado al ámbito del tiempo libre. Por lo tanto, se intenta que no parezca importante. Se convierte en una diversión privada. Y se organizan para ello cursos de pago.

La naturaleza, también la propia, es lenta. Muy lenta. Insoportablemente lenta. Por ello, intentamos superarla. Entregarnos a dicha lentitud nos puede acercar a nosotros mismos. Nuestro entorno vital se vuelve más verdadero, también más vivible.

En: Nörvenich – Estruendo

<u>Volker</u>

Entro en el texto a trompicones, arañazos y titubeos. Las impresiones se deshilachan. Nuestros recuerdos se deshilachan. En este lugar nos hemos expresado *performativamente* de una forma muy diversa, pero también muy fragmentada; hemos probado materiales, tiempos, espacios e «instrumentos» de lo más variado. Está claro que hemos intentado contraponer algo a estas difusas impresiones. Cuando volvemos a ver los vídeos y las fotos, queremos colocarlos en un orden diferente para que tengan más sentido cronológico o *performativo*.

El presente ensayo, dedicado a la base militar, aparece justo ahora bajo una nueva luz: precisamente cuando nos hubiera gustado tener una idea clara sobre la guerra, las intervenciones militares y los recursos armamentísticos, la guerra en Ucrania trae a Europa la utilización militar de las armas.

El zumbido atronador de los aviones. ¿El sonido de volar? De nuevo, silencio. En este caso un silencio realmente profundo. El zumbido se va acercando de nuevo, virando, regresando. Nos estallan los oídos. Al principio, estas imágenes y la ligereza de nuestro humor estival no concuerdan con lo que tuvieron que soportar nuestros oídos. Nos intrigaba mucho aquel lugar que nos parecía tan lejano.

En un triángulo de ángulos redondeados se levanta un gran bloque de hormigón gris de esquinas afiladas. Seguro que tiene siete metros de anchura, un metro y medio de altura e indudablemente cincuenta centímetros de profundidad. Se ve con claridad, que el bloque está compuesto por tres partes. Probablemente sea demasiado grande como para haber sido fundido de una única pieza: «Escuadrón táctico 31 de la *Luftwaffe Boelcke* Base Aérea Nörvenich». La inscripción gravada en un azul celeste oscuro y profundo resulta casi excesivamente grande. La tipografía es sencilla, anodina. En su lado izquierdo, hay un amplio blasón con la tradicional forma del escudo: dos alas rojas, cruzadas por una espada, debajo la palabra «Boelcke». A la derecha, se encuentra la imagen sencilla de un Eurofighter como si hubiera sido fotografiado desde la perspectiva de un pájaro, en pleno vuelo. En las búsquedas sobre Boelcke y el escuadrón de la *Luftwaffe* te encuentras con un lenguaje oscuro, repugnante y hostil, cargado de belicosidad.

Pues allá que nos fuimos en coche, a la Base Aérea Nörvenich. De pronto, estábamos rodeados de toda esta batería de términos y sensaciones bélicas y militares: «escuadrón de bombarderos de caza», «escuela militar», «Eurofighter», «*Royal Air Force*», «base», «*Luftwaffe*», «batalla aérea». La base militar aérea aparece de pronto, anunciada por el letrero anteriormente descrito. El territorio que la rodea es de praderas y bosques. También hay algún que otro pequeño pueblo. La población más próxima y grande es Kerpen. Sus calles son anchas y están en óptimo estado. Hay pequeñas indicaciones sobre la resistencia máxima del hormigón.

Cuando me refiero a la terminología, lo hago únicamente por una razón: porque nos ofrece en la realidad la virtualidad de lo bélico. Para nosotros fue como atravesar un muro que hubiéramos levantado nosotros mismos. La base aérea está muy cerca de nosotros y se percibe con claridad el movimiento aéreo entorno a Colonia. Nada obstaculiza la mirada hacia la maquinaria de guerra. La base aérea da la impresión de ser como un símbolo orgulloso del espíritu militar, tanto defensivo como ofensivo, que se esfuerza visiblemente por ser transparente. Desde Google Maps es incluso posible descargar imágenes de satélite de gran proximidad (así, el 21.04.2022 se puede observar un avión despegando). Resulta fácil superar la valla del recinto; la apariencia de inexpugnabilidad de la alambrada de espino tan sólo es débil. Por supuesto que, ti te acercas «demasiado», de súbito serás repelido. Pero se apela a nuestra comprensión, claro, pues ya se sabe que las armas son peligrosas. Que no esté permitido llegar más lejos se debe principalmente a razones de protección de uno mismo. Por supuesto que también hay que proteger las instalaciones de ataques vandálicos. Con esto concuerda una señal que amenaza con abrir fuego, aunque esté camuflada como advertencia de seguridad.

Holger

Para mí, la escritura es un transporte de experiencias a otro medio. Estos episodios de ahora los vivo y los tomo como base para informar de ellos. Pero se trata de algo mucho más profundo que el transporte de recuerdos a un medio nuevo... Es la creación de contenidos y experiencias por medio de la propia escritura. Volker me mostró en repetidas ocasiones, cómo, al redactar los ensayos de los *Paseos resonantes*, se había ampliado su capacidad de comprensión. Porque entrar —mediante la escritura— en un determinado ámbito semántico estimula el entendimiento. Se crean interconexiones nuevas entre las experiencias. Escribir a mano es diferente que escribir en el ordenador —con un teclado. Cuando escribo / actúo manualmente, me encuentro inmerso en un proceso de escribir de por sí en constante evolución: cada letra es algo diferente que la «misma» letra de hace un instante. Cada letra surge de la profundidad mediante una acción consciente previa efectuada a tal efecto: mis manos, mis dedos, mi cuerpo están configurados para realizar estos movimientos. Se trata de una orientación de la consciencia hacia el acto de escribir. Yo aprendí a escribir en el colegio. Se trata de un proceso individual aprendido en el colectivo de la clase. Las letras han de ajustarse a una determinada norma, sino serían ilegibles, por ejemplo para Volker. Cuando escribí una crónica de nuestro paseo sonoro en Nörvenich yo estaba en «modo túnel». Utilicé un lápiz de mina muy dura y escribí en estado de *flow*, dejándome llevar sin pensar siquiera en su posterior legibilidad. Más bien ocurrió que no pensé que tenía que ser legible. Casi ni siquiera lo quise. ¿Acaso «tenía» que serlo?, ¿¡Es posible que, en lo más profundo de mí, quisiera evitar que esta experiencia se hiciera visible!? Porque lo allí vivido me tocaba intensamente.

Nörvenich es una base aérea militar en la región de Eifel, en donde están estacionados los Eurofighter. El antiguo pueblo de Nörvenich tuvo que ceder su localización a la base militar y fue reubicado. Cuando Volker y yo llegamos al lugar de nuestra excursión, en ese ambiente militar y en presencia de aquella maquinaria de guerra, sentí que todo lo que había allí me impactaba profundamente. Incluso durante varias semanas después, aún soñaba con esos aviones de sencilla elegancia. Estaba fascinado a la vez que aturdido por la apariencia de estas máquinas de guerra. Las inmensas y gigantescas antenas de radar de la base aérea hacían vibrar el aire. A mí me irritaban el aspecto superficialmente idílico del área boscosa de la base y esa vibración o irradiación. Allí todo era contradictorio, aunque sólo al principio. Me di cuenta de que todo aquello no era más que una expresión de la brutal agresividad humana: el ruido atronador de los motores a reacción, la irradiación de los radares y los muros de protección hechos con árboles, praderas y caminos / senderos del bosque vacíos.

De regreso en Colonia, quise expresar esta experiencia por escrito. Al rozar el papel con el bolígrafo, la impresión resultó muy leve y pálida. Y por eso resultó luego «casi indescifrable», como apuntó

Volker. Había escrito como lo hacía a veces en mis diario; mediante textos codificados, pero sin codificar, utilizando las letras propias del alfabeto alemán, pero con abreviaturas o simplificaciones intrínsecamente personales, casi como en una firma.

El relato adquiría de esta manera tintes tan personales y tan profundamente íntimos que había partes de mí que no querían compartirlo. Tenía —y quería hacerlo— que procesar primero para mí mismo lo vivido. Lo escrito estaba pensado para procesarlo y entenderlo (sobre todo). Relatar y transportar esta chocante experiencia no debió de ser lo prioritario para mí.

Volker

Aquel día, fue particularmente llamativa la distancia acústica. Ese tronar tan fuerte (110 decibelios al despegar), esa naturaleza silenciosa. ¿Cómo vamos a integrar ahí nuestro tamboreo? ¿Se puede tamborear aquí? Tuvimos unas experiencias maravillosas en aquel lugar. Que fueron profundas. También conmovedoras. De profundo calado.

Después de ser rechazados en la entrada de la base aérea, nos pusimos en marcha a pie. El primer lugar que nos atrajo fue un pueblo venido a menos, no muy lejos de la entrada principal. Interpretamos con los restos de lo que hubo en un tiempo. Holger tuvo que regresar a este lugar más tarde, cuando terminamos nuestro paseo sonoro y se dio cuenta de que se había olvidado justo allí sus baquetas de aire.

(https://www.youtube.com/watch?v=_UFoR4NXy3Y)

Allí había una gran rueda de molino que era como una especie de vestigio, así como una gran piedra martilleada de tal forma, que quedaba dividida en cuatro partes.

En un maravilloso momento a lo Buster Keaton, Holger intentó doblar lacónicamente un periódico de amplio formato en contra de la suave brisa. Dentro de la estructura militar que nos rodeaba, esto resultó un fino contrasentido, silencioso, lento y desconcertado. Es como si Holger se pusiera a ordenar la época histórica actual. Aunque, más bien, lo que logra es arrugar las páginas del periódico, fracasando de algún modo en su empeño. El ligero aleteo del fino papel bajo el que se deslizó la mínima brisa. Se añade a ello el doblamiento preciso de Holger, aparentemente ágil, pero ineficiente, incluso algo inútil. Se toma su tiempo. Recoge del suelo alguna de las hojas, avanza muy lentamente hacia delante. La cara está concentrada, pero es inexpresiva. No transmite ni éxito ni fracaso. En un instante aparece el título fijo de la sección del periódico: «Conocimiento». La primera tanda está doblada. Holger se agacha para continuar. Sus golpes de mano parecen motivados por algo y casuales a la vez. Continuamente se le escapa el periódico. Finalmente, el periódico está doblado. Pero una ráfaga de viento lo arrebata y se lo lleva.

No muy lejos del camino de entrada y de nuestra «primera estación» se encuentra una pequeña iglesia, una capilla quizás, estrechamente rodeada por un murete. Dentro de este hay algunas lápidas. Las más nuevas tienen tarjetitas publicitarias. Tan sólo hay algunas pocas degradadas por las condiciones climáticas, otras están totalmente nuevas. El camino que circunda la capilla está hecho de una fina capa de gravilla gris azulada. Las pisadas que al cavarse en el suelo producen un confortable crujido, se preparan sutilmente para caminar sobre el asfalto. Son más comedidas, más cortas. Incluso son más inseguras, tentativas. Pero, en cualquier caso, es como si estuvieran siendo dirigidas por el camino que las obliga, que les exige un respeto. Me imagino que así se camina por un antiguo laberinto. Las piedrecitas bailan unas encima de otras. El sonido es raspado, tintineante. Levanta algo de polvo. Mientras que sobre el asfalto son los zapatos o los pies los que hacen ruido, aquí parece que son las propias piedras. Por lo demás, el ambiente se corresponde perfectamente al de una capilla. Hay silencio. El ruido de los propios pies provoca un ensimismamiento.

Detrás de la capilla me arrodillo. Arrastro mis manos por la gravilla, hago círculos uniformes. También dibujo ochos. Levanto un par de piedras y las dejo caer de nuevo desde muy poca altura. Acaricio el suelo. El tintineo es suave, desemboca a veces en un murmullo. En el fondo, el piar primaveral de los pájaros. Finalmente, me froto las manos, ordeno la gravilla. El sonido de la piel es un fantástico contraste a la gravilla del camino, pero, a la vez, las complementa muy bien.

Caminamos hacia el final de la pista de despegue de los Eurofighter. Después también iremos al otro extremo. Los Eurofighter despegan en ambas direcciones. Queremos presenciar el despegue. Queremos experimentar la fuerza que lo empuja. Cómo actúa la velocidad. Pero tampoco podemos negar un trasfondo de fascinación por la técnica.

Me extraña que no podamos acceder al área militar, pero que, por el contrario, los militares sí puedan acceder al espacio civil.

Nuestra espera es desasosegada, como a destiempo. No tenemos ningún horario de los despegues ni la más mínima idea sobre las rutinas del lugar. La expectación genera vacío y silencio por sí misma. Empiezo tamborileando sobre una valla protectora con una escobilla de nailon. La manera de hacerlo es muy casual, quizás incluso desmotivada. Me gusta mirar el blanco claro con las correas rojas. El movimiento de cada cerda es un alegre columpiarse sobre el metal. ¿Será cinc?

Casi enseguida nos cansamos de esperar y volvemos al coche y lo conducimos siguiendo la valla. Este camino es estrecho. De pronto, aparecen ante nosotros coches esperando. Estamos al otro lado de la pista de despegue. Aquí esperan fans del Eurofighter. Todos llevan prismáticos. Algunos incluso *walkie-talkies*. Después, averiguaremos que pueden escuchar las conversaciones de los pilotos y la torre de control. Aquí brilla de nuevo la transparencia de la zona militar. Los fans llevan algo así como uniformes para conciertos de rock, se comportan como si fueran expertos. Les podemos preguntar. Nos explican la técnica y también las armas de estos aviones. Nos presentan los distintos tipos que hay y su pintura distintiva especial. Nos cuentan lo difícil que resulta comunicarse con los pueblos de alrededor debido al ruido de los vuelos. Se discute constantemente sobre los límites de resistencia. Para ello se nombran intermediarios o intermediarias, tanto civiles como también militares. Tampoco ellos conocen exactamente los horarios de los despegues. Tan sólo conocen sus franjas horarias. A nuestras espaldas se encuentran los sistemas de guía para los despegues y los aterrizajes. Grandes tenedores luminosos.

De pronto, se genera inquietud. Los fans se mueven, se aseguran sitios pegados a la valla de púas, también para los más jóvenes. Algunos aviones salen del hangar acompañados por otros vehículos. Ya se oyen los motores. Los Eurofighter dan la ligera impresión de ser cigüeñas algo agachadas hacia adelante. Tienen unas patas largas y temblorosas que parecen un poco demasiado largas. El despegue es prácticamente directo, a pesar de un tiempo de arranque algo largo. Las turbinas se elevan y los Eurofighter salen disparados como un rayo en dirección contraria. No sabemos bien si estar contentos o desolados por no habernos quedado allí. La gente a nuestro alrededor sabe que los aviones se dirigen a Rammstein.

Minimalismo

Los seres humanos están rodeados de muchas cosas. O mejor dicho: los seres humanos se rodean de muchas cosas. Adquieren muchas cosas en propiedad.

Y cuando ahora miro a mi alrededor, me parece que el número de cosas que me rodean ya es infinito: velas en candelabros, armaritos con cajones a rebosar, todo tipo de cables y enchufes, cajas de altavoces y reproductores de CD, los correspondientes CD, cinco mesas de distintos tamaños y colores, libros, un sofá y una butaca, cuadros, material de escritura, blocs, pelotas de malabares, instrumentos de percusión (entre ellos, un pandero), baquetas, una almohadilla de prácticas de tambor, zapatos, una tabla para masajes, esterillas de yoga, una caja de té, un ordenador, ropa tirada, ropa lavada, ropa usada, un reloj, una alianza. Naturalmente hablo desde la perspectiva de una vida de lujo. Por eso es por lo que siempre intento, precisamente como consecuencia de nuestros paseos resonantes, minimizar el número de las cosas que me rodean. Esta idea ya me seducía con anterioridad; me entretenía pensando en las cosas de las que podría desprenderme. El primer impulso en esa dirección me lo dio Mahatma Gandhi. Sin embargo, ahí están todas esas cosas.

Los objetos no son siempre son necesarios. A menudo son un «además».

Vamos a tomar un determinado objeto —un jarrón— como ejemplo emblemático para explicar lo que queremos decir.

La mayoría de las veces, un jarrón es un «además». Y más aún, cuando el jarrón se convierte en el lugar donde conservamos flores. Por añadidura, el jarrón, además de ser jarrón, se convierte en un vehículo de presentación. El requisito para este «además» del jarrón es primeramente su carácter decorativo. Se trata de un tipo de decoración que tiene un componente altamente mórbido: algo bello ha de ser expuesto y, a tal efecto, ha sido matado y deslocalizado para acabar pudriéndose lentamente. Es posible que antaño los jarrones tuvieran un significado ritual que hoy día ya se ha perdido. Por este motivo, el jarrón se diferencia fundamentalmente de una botella, de un vaso o de una jarra. Estos últimos expresan, respectivamente, una forma de necesidad. En última instancia, es su utilidad la que determina su carácter y, por ende, su categorización. El diseño de cada recipiente ha de estar al servicio de la forma en la que se vaya a usar. Por eso, una botella casi siempre se reconoce como tal, aunque se utilice como un jarrón.

Cuando en una habitación hay una botella que se usa como elemento decorativo, colocando en ella un ramo de flores o flores sueltas, esta botella adquiere por consiguiente el «además» del jarrón.

Este «además» es justo lo que hace que su utilización sea romántica, idílica, bella, lujosa, orgullosa o superflua. Provoca que una determinada habitación se eleve a un nivel superior, al añadirle algo que viste su desnuda estructura básica. Sería mejor decir que una persona observadora le había asignado a la habitación la propiedad de la desnudez antes de añadirle un jarrón. Se trata además de una habitación, que queda rediseñada o renovada mediante la incorporación del jarrón. Podemos ver en el jarrón un proceso de apropiación, de acomodación o de participación. Antes, ese espacio se notaba extraño o poco confortable. En este último caso, pudiera ser que alguien quisiera formar parte del espacio, incluso ser una parte intrínseca de él. Si la forma en la que se introduce el jarrón es la de un regalo, podría ser que alguien esté reclamando dicha condición.

Pero el jarrón puede ser también un elemento para crear una habitación que constituya permanentemente algo más que sus cuatro paredes. En tal caso, una habitación sin ese jarrón no podría ser reconocida precisamente como tal habitación. En dicho caso, es necesario especificar con exactitud la composición del jarrón. Porque su colocación implica la propia creación de la habitación. Desde este punto de partida, es la mirada de la mano diseñadora (configuradora) de una habitación, la que determina de qué composición «puede» o «tiene» que ser el jarrón. Puede incluso exigir tanto el material del que deba estar hecho, como su forma, color y tamaño. En lo que respecta a la concreción de la forma, no es esta unidimensional, sino todo un abanico de posibilidades disponibles. En cuanto a la concreción del número de jarrones utilizados, este quedará determinado por la habitación que se va a crear. La combinación o composición de todos estos elementos resultará de la previsión, o mejor dicho, de la predeterminación de su futuro uso (así, distinguimos aquí entre floreros, jarrones ornamentales, jarrones de diseño, recipientes prácticos o piezas de gran valor, de coleccionista o de exposición).

En todos los casos, el «además» permanece adherido al jarrón. Sin embargo, en el caso que nos ocupa, el «además» actúa como un perfeccionamiento.

Tanto es así, que podría fácilmente desbordarse en un «demasiado». Incluso muchas veces, el «demasiado» ya le es una propiedad inherente. Dicho superlativo se alcanza, cuando la mano configuradora no termina de sentir la necesidad de actuar sobre su objeto. Esto también puede ocurrir, cuando esta necesidad no se siente, sino que simplemente es provocada por estrategias externas o propias (publicidad, deseo de lujo, deseo de posesión, necesidad exacerbada…).

En tal caso, el «demasiado» puede afectar a cualquiera de los aspectos del jarrón que hemos nombrado. Así, el material puede resultar demasiado pesado, demasiado pomposo, demasiado ecléctico, etc. Se puede haber utilizado en su producción una cantidad exagerada de materiales. De alguna manera, el jarrón podría estar hecho de un material equivocado.

El material es, precisamente, lo que distingue la naturaleza polifacética de un objeto, aquella que suele estar en un plano más profundo y que influye sobre su categorización.

Porque el material utilizado siempre es algo más que lo que percibimos de forma directa en el producto final. En el material están grabados su origen, su transporte, sus costes, su accesibilidad, su tradición, su reciclabilidad, su sostenibilidad, sus modalidades de fabricación, su eliminación residual, así como la cantidad de manos por las que ha pasado.

Esto constituye todo un tejido que ya está inscrito en el jarrón cuando la mano diseñadora lo asigna a un determinado espacio. El tejido participa en la configuración del diálogo bilateral y multilateral que se establece entre el objeto, la habitación y los demás objetos de esta. No es el jarrón en solitario, el que atraviesa o amplía la líneas preestablecidas o el que abre nuevos canales, sino que ahora hay diferentes espacios que interactúan entre sí, se crean, transforman o también destruyen. Tampoco ha de tratarse siempre de un acto activo o consciente. Lo que el acto de concienciación posibilita es, más bien, comprender la valoración del objeto.

Porque en la mano diseñadora culmina su conexión con todas las historias de las personas involucradas. De esta manera, cada objeto creado, pero también cualquier otro objeto, se convierte en *El libro de arena* de la inventiva literaria de Jorge Luis Borges. Este libro tiene tal cantidad de páginas, que es imposible abrirlo dos veces en la misma página. Por lo tanto, es posible que el «demasiado» también surja de todo ese caleidoscopio inherente al material. Pero también puede colgar de una única de las historias inherentes al mismo. Esta se apropia del objeto y lo coloca en un estado que se descuelga del diálogo o que lo despedaza.

Así como el material permite determinadas formas, también la forma contribuye, viceversa, a determinar la elección del material. Por eso, también la forma está incrustada en el mencionado tejido: lo contiene, lo manifiesta, incluso lo transmite. De esta manera realiza las posibilidades materiales de una configuración específica.

El jarrón, en su relación recíproca con la habitación y con el trato interpersonal y los comportamientos que esta provoca, así como en relación con las propiedades inherentes al jarrón mismo, puede ser demasiado recto, demasiado torcido, demasiado desbordante, demasiado sencillo, demasiado complicado, demasiado alto, demasiado aplastado, demasiado discreto, demasiado opulento o demasiado extravagante. Un jarrón puede ser demasiado grande, demasiado pequeño o tener una medida demasiado exacta. Un jarrón puede ser algo «demasiado», pero también algo «demasiado poco». Puede reclamar a gritos ser más, pero también expresar en voz alta su redundancia.

Muchos jarrones están diseñados para cambiar de sitio, lo cual complica aún más la cosa y hace resurgir la imagen del caleidoscopio. Todas las decisiones de la mano diseñadora dependen de lo que desde la desnudez de la habitación se reconozca como necesidad. Al respecto es necesario tener en cuenta que un equilibrio alcanzado se puede desestabilizar fácilmente.

Para no entendernos mal: el jarrón podría armonizar mejor en otro espacio o en otro contexto. Precisamente el hecho de que sea un objeto colocable es lo que le confiere su carácter de «además», al que a menudo se le añade el de «demasiado».

El jarrón continúa teniendo inscritas en su carácter de cosa funciones de localización así como de orientación. Esta naturaleza puede ser útil, cuando permite vivir una relación y su significado, por ejemplo, al entregar el jarrón como regalo.

Al contrario que el jarrón, hay muchas cosas que son capaces de esconder muy bien su «demasiado» en una necesidad, hasta el punto de llegar a superarla y pasar a contener en sí mismas la naturaleza de una desconexión. Su esencia pasa a estar marcada por la propiedad de no estar atada. Uno está tentado de decir que «ya no está atada», pero esto nos parece hipócrita e imprudente. Puesto que en el «ya no» se da una estructura de posibilidad que estas cosas no tienen. La propiedad de «no estar atado» se ha alejado tanto que ya no es posible reconducirla a una estructura de necesidad mediante un «desplazamiento de niveles» o como prefiramos llamarlo. Y precisamente esto es lo que esta cosa, el jarrón, sabe enmascarar. Es aquí, donde la mano diseñadora se equivoca, no solo desde su punto de vista de persona productora, sino como persona usuaria. Al final, el «demasiado» se convierte en un «sobre».

Está claro que no siempre somos conscientes de ello, pero conectarnos a este acto de concienciación o forzarlo constituye un momento enriquecedor, autentificador y unificador.

Las estructuras que se abren entre lo necesario y la creación son aún más difíciles de entender, cuando abandonamos el ámbito de las cosas producidas y nos dedicamos a los actos humanos y, en particular, a las artes. Las artes en un sentido estrictamente decorativo siempre son un «además» y alcanzan bastante rápido el nivel del «sobre». Rápidamente superan el ámbito de la necesidad. En las artes es bastante difícil de apreciar hasta qué punto son realmente necesarias. Que lo son es algo de lo que precisamente podemos estar cada vez más seguros, tanto en plena pandemia como después de ella. Se ha renunciado a muchas cosas, cuya contingencia estructural había que compensar con otros aspectos (así por ejemplo, la necesidad de tener que ganarse la vida con un trabajo), pero a lo que no se ha renunciado es a las artes. En gran parte sólo fue posible hacerles un seguimiento pasivo y consumista, sin embargo no habrá habido nadie que renunciase a ellas. Las que quedaron interrumpidas fueron precisamente las artes escénicas.

Las artes que aportan sentido no se pueden considerar un «además», constituyen una parte integral de la vida. Posibilitan orientación y refugio, otorgan espacio y crean un hogar. Esto tiene su reflejo en el mundo de las cosas.

Una señal patente de esta dimensión que da sentido es la vinculación de las artes a determinados contextos rituales. De inmediato irradian el encanto de lo necesario. Esto no es aplicable a todos los rituales, pero sí es constatable en todos aquellos que se refieren a la vida, dándole soporte, aliento vital o capacidad de resistencia. Ver la televisión por la noche no es un ritual. También puede ocurrir que un desplazamiento terminológico enmascare fácilmente la tendencia al «además». La categorización siempre resulta también de una tradición.

Por eso, la participación en las artes, tanto activa como pasiva, requiere de un análisis riguroso des sus métodos, del material utilizado, del tiempo invertido (tanto en el proceso creativo como en el interpretativo), de su ubicación, de su mantenimiento, así como de sus posibilidades de copia o reproducción, siempre y cuando se prescinda de un enmascaramiento inconsciente. Así surgen preguntas que interrogan a las expresiones artísticas acerca de su necesidad.

Esto es exactamente lo que hemos intentado investigar en nuestros paseos resonantes. Se volvió cada vez más importante para nosotros observar si lo que nos empujaba a interpretar era una presión interna o externa. Al mismo tiempo, se trataba de cuestionar el material, la metodología, así como los patrones musicales.

Para ello acudimos a la naturaleza, porque su configurabilidad no está sometida a ninguna norma en sentido artístico. Así, a menudo aparentaba ser casual (aunque ya ha quedado patente, que toda configuración natural está sometida al «permitirlo así» por parte del ser humano). En la naturaleza parece faltar la mano configuradora. Las estructuras que apreciábamos en la naturaleza surgían de nuestra proyección. A menudo, el mundo de las mercancías nos servía de matriz. Al generar tonalidades, comparábamos los materiales utilizados que casi siempre encontrábamos en la propia naturaleza con los instrumentos musicales tradicionales. No obstante, también nos servían de guía y base las tradiciones performativas y percusionistas.

Pues bien, había que desprenderse de dichas influencias, encontrar un camino nuevo adecuado al ambiente para cuestionar, por así decirlo, las artes en sí mismas. Como ya hemos insinuado con anterioridad, siempre se trataba de cuestionarnos el «además» y el «demasiado» de nuestras creaciones artísticas.

Cuando ante nosotros se abre un abanico de posibilidades en torno a una acción —es decir, para conocerla, ser conscientes de ella y realizarla—, parece que no llevarla a cabo constituiría una forma de dejación o de inactividad (un «no hacer a pesar de») y, en consecuencia, una forma de renuncia. Deja de ser exactamente una renuncia, cuando aparece en forma de algún tipo de cálculo: económico, estético o ecológico. En este sentido, se convierte en una declaración política dirigida contra el enmascaramiento del «demasiado». (*Intermezzo*: Muchas veces la gente entiende el veganismo como renuncia. Lo mismo ocurre con la no-posesión de determinadas cosas: un coche, una televisión, reparar en lugar de comprar, etc.). El desenmascarar siempre conlleva la hostilidad de los desenmascarados. Estos se rebelan, apuntan con precisión y en ocasiones luchan sanguinariamente utilizando numerosos recursos.

Esta máscara lleva una etiqueta denominada «normalidad». Mediante esta estandarización se invierte la noción de hostilidad.

Ante nosotros tenemos el proceso de creación de los mitos tal y como lo describió Roland Barthes: se genera una connotación consciente, cuando a la realidad existente se le sobreescribe una dimensión añadida.

En sentido contrario, la forma más extrema de reducción fue el encuentro fortuito de Holger con un cardo situado en la zona de la Estación de cohetes de Hombroich. Interpretó —con y mediante el cardo— una música de una intensidad inaudible para los demás. Luego me dijo: «Pero si yo valgo tocar para mí mismo».

Sonido

Es fantástico ir al bosque.

El primer confinamiento fue para nosotros como un *reset*.

Nos sentimos como niños, como descubridores.

En el bosque y a pie, te encuentras reconducido a lo esencial. Tuvimos la oportunidad de vivir la plenitud, la fuerza, la profundidad y la multidimensionalidad esencial del bosque. De pronto, las necesidades básicas se volvieron claramente perceptibles. Ahora, el centro de todo lo ocupa la respiración, caminar despacio, sentir a flor de piel, la temperatura, el clima, los sonidos sin filtro, los olores y a veces, en función de la duración de los paseos, el hambre y la sed. Las experiencias se vuelven inmediatas y les sigue darnos cuenta de que casi siempre percibimos el mundo filtrado por los medios, aunque estemos convencidos de que utilizamos nuestros propios sentidos. Sin embargo, detrás de cada uno de los medios hay una determinada técnica retransmisora, la cual jamás será capaz de transportar del todo lo que el mundo ofrece a los sentidos. A cada medio le es propio un modo de selección. En cambio, la percepción directa es más abierta, libre y rica. Así, nosotros sentíamos nuestras excursiones como una liberación. Durante nuestros paseos estábamos contentos por habernos alejado de todos los medios. Y aún a día de hoy nos esforzamos por reducirlos al máximo.

Si la persona que pasea se desvincula de los filtros preinstalados, podrá sentir, por ejemplo, la diversidad meteorológica y desarrollar hacia esta una conexión propia. Llegará a tener claro que los datos meteorológicos no tienen un valor real, dado que el razonamiento que lleva a ellos no ha tenido en cuenta al ser humano. Hay una gran parte de la meteorología que se cuantifica. Sin embargo, los medios no son capaces de predecir con sus datos ciertos elementos importantes de la percepción climática. ¿Acaso los kilómetros por hora del viento pueden describir esos leves tirones que sentimos en el pantalón cuando este sopla a nuestro lado? O, ¿cómo podría expresar los grados de temperatura lo que sienten la piel y los pulmones? ¿Cómo puede describir la presión barométrica su relación con nuestro bienestar, nuestros problemas de concentración y nuestros dolores de cabeza? Todos estos datos tan solo son capaces de aportar ideas aproximadas e intentos de explicación. Con ellos podemos explicar el fundamento físico de nuestras sensaciones, pero no seremos capaces de aportar ninguna indicación acerca de nuestros sentimientos ni de cómo afrontarlos. Hoy día, sin embargo, —aquí había querido decir: « …en el torbellino mediático»—, dichos datos se han superpuesto a las sensaciones. Aparentan ser más importantes que estas. Que hoy haga frío o calor es algo objetivable, como el sistema de calificaciones escolares, en el que los números sustituyen al conocimiento. Lo mismo ocurre con la precisión de los estudios meteorológicos, pero trasladado al futuro y con la diferencia de que los medios para la predicción a nivel escolar solo son informales.

Pasear, por el contrario, es una de las formas más primigenias de estar en el mundo. Caminar es en sí algo fundamentalmente humano. Precisamente, durante el tiempo de pandemia, se ha recuperado el paseo como prácticamente la única actividad realizable, aunque haya sido bajo presión y de mal humor. También el aumento constante de los grupos de excursionistas y senderistas es un indicador del nuevo estatus que el ejercicio de caminar parece haber alcanzado. Como además se ha descubierto que el sedentarismo es una tremenda enfermedad de nuestra sociedad, siempre nos encontramos a alguien dispuesto a caminar por razones de salud.

La lentitud de pasear nos permite percibir el paisaje en tanto que «entorno» y constituir el «medio-ambiente» a partir de los procesos de introducción e incorporación que se activan a partir de los pasos que se van dando. Pero no se trata solo de los pasos. Pasear también es una actividad emocional y mental. Por eso, cuanto más directo es el acceso al «en-torno», más intenso se hace el paseo.

En este sentido tenemos cada vez más claro, que la elección del calzado puede propiciar el proceso de incorporación (a veces, no somos ni de lejos conscientes de algunas cosas que son evidentes). Los zapatos, de por sí, ya establecen una distancia. Al igual que lo hace la vestimenta. Por eso, su elección puede favorecer la inmediatez.

Esta incorporación física al entorno hace que otras necesidades, como el hambre y la sed, se eleven a otro nivel y se perciban más claras y simples. Así, la respiración se hace más profunda y lenta, más fundamental.

Al pasear percibimos nuestra propia fuerza. No hay ninguna otra «batería» de energía que nos sostenga, ni «fundas» que nos protejan. La lentitud de caminar permite comprender o percibir mejor nuestra propia voluntad.

Al pasear por el bosque, los sonidos son inmediatos, aunque no constantes. Pocas veces hemos encontrado lugares libres de los sonidos de las autovías. Los sonidos del bosque tienen una naturalidad incontestable, una periodización inherente. Tan solo mediante esta forma de sensación comprensiva forman una esfera sonora que es tan parte del medio ambiente como nosotros mismos. Aquí reside la posibilidad de ser uno con los sonidos que nos rodean. Ahora, tanto la escucha como la sensación se convierten en meditación. Esta experiencia se hace aún más fuerte e intensa en una esfera sonora intacta.

La armoniosa sonoridad en dicha esfera es el resultado de una génesis casi por entero natural, en la que el sonido se incorpora a la esfera que se va generando desde la ligereza, la claridad y el significado. Para ello, es necesaria y definitiva la lentitud. De esta manera, los sonidos pueden hacer música o se puede hacer música con los sonidos. Cada sonido es el posicionamiento hacia una determinada esfera sonora: puede prolongar su desarrollo, conquistarla galantemente, permanecer escondido en ella…, pero también puede partirla y modificarla. Se trata de un momento, en el que los sonidos crean la esfera, la amplían o transforman. La generación del sonido es una forma especial de entablar un discurso que no siempre halaga los sentidos, pero en el que nos acabamos incorporando, aunque no sea de manera instantánea. A menudo, esto ocurre retrospectivamente. Porque a un sonido a veces hay que entenderlo primero. Y, para eso, tiene que querer ser entendido.

Cada sonido tiene una historia, o bien en las costumbres auditivas, o bien en el momento de su generación. En ello se diferencian de la voz. Un sonido baila al filo de la navaja. Por eso, su repetición puede resultar insoportable. Una determinada repetición, sin embargo, puede convertirlo precisamente en un sonido armonioso o comprensible. Una distancia decreciente o creciente modifica su cualidad. Lo mismo ocurre con el volumen del sonido, es decir, con la intensidad de su percepción, que puede constituir la base de su incorporación, pero también destruirlo.

Escribir este ensayo y leerlo repetidamente evoca relampagueantes asociaciones en mí:

- el suelo orgánico del bosque,
- la fina rocalla de la montaña,
- el agua en el mar,
- una pluma estilográfica,
- un caballo,
- un teclado de teclas ligeras,
- elegancia,
- un libro voluminoso,
- follaje,

- silencio,
- la ciudad, el pueblo, el bosque, el páramo,
- una vieja máquina registradora,
- la llama de una vela,
- utensilios de cocina,
- una pelota,
- una vaca,
- lluvia,
- papel,
- un pájaro, una mariposa (*Intermezzo* de The Doors «*Before I sink into that big sleep, I want to hear the scream of the butterfly*»),
- llaves pesadas,
- puertas robustas,
- el interior de un tren (vías chirriantes),
- un azadón,
- instrumentos musicales,
- aliento,
- un gato,
- un equipo de hockey sobre hielo

y así.

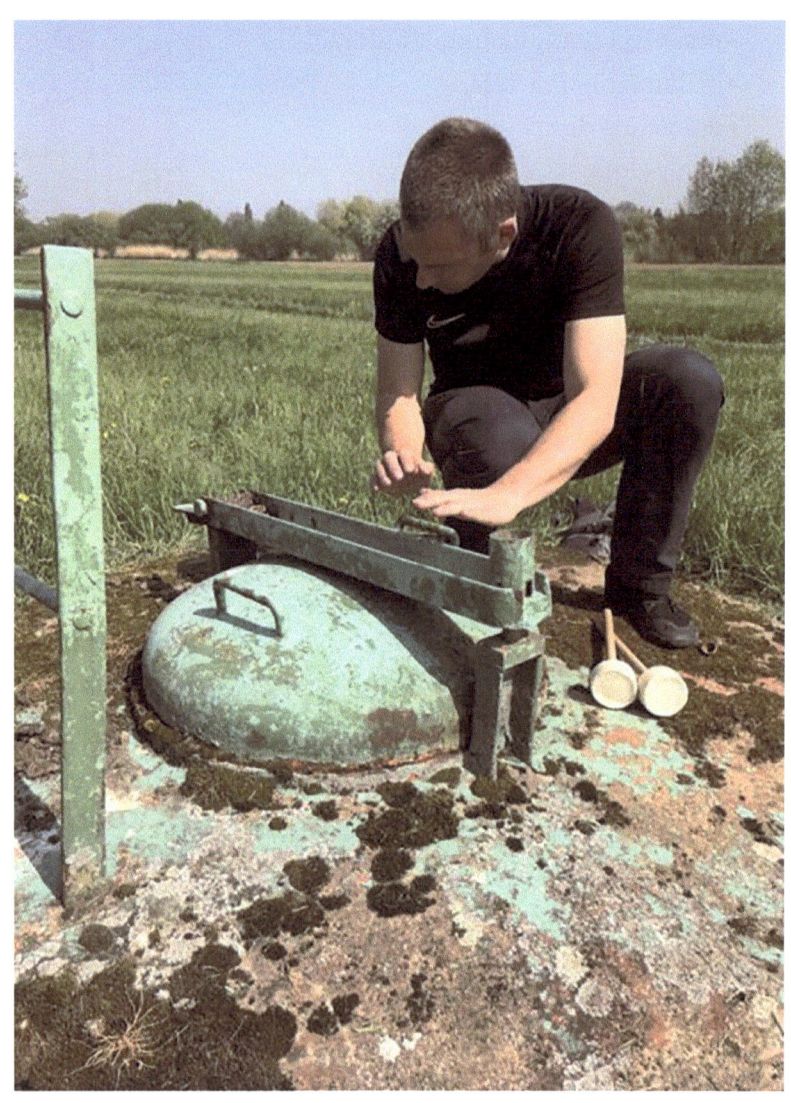

Proyecto

A iniciativa de Holger, iniciamos juntos nuestros paseos resonantes en el primer confinamiento (a partir de marzo 2020). Los meses eran calurosos y soleados.

Debido a la pandemia, habíamos tenido que interrumpir nuestros trabajos y demás actividades. Las *performances* de Holger se habían cancelado casi al completo; sus proyectos en curso quedaron en suspenso o anulados: planes, representaciones, etc. Y a mí no se me permitió volver al colegio. Como aún no se había organizado un nuevo sistema coherente que permitiera seguir impartiendo las clases, yo tenía muy poco trabajo: enviar al alumnado pequeñas tareas, responder a correos electrónicos y mantener conversaciones a distancia. No solo nos vimos en la necesidad de reorientar nuestros asuntos profesionales, sino también los privados.

El ambiente en Colonia cambió dramáticamente.

Al principio concebimos los paseos resonantes como un proyecto. Sin embargo, enseguida me puse a la defensiva contra esta denominación. Y aunque inicialmente solo se tratara de una sensación muy vaga, decidí encararla y profundizar en ella.

En primer lugar, porque el uso de dicho término se ha inflacionado tanto, que su significado ha acabado por desbordarse. La inflación de un término le otorga un valor que lo abstrae significativamente tanto de su contenido como de su ámbito semántico. Lo mismo ocurre con el fenómeno de los superventas o *bestseller*, que la «venta» es algo externo de la obra.

Sin embargo, precisamente esto es lo que ocurre en casi todos los ámbitos de la creatividad humana en los que se habla de un «proyecto», tanto en los privados como en los públicos. Esto me llama la atención sobre todo en el ámbito de la creatividad cultural y artística, pero también en el de la economía productiva, donde a cada proyecto le corresponde un «gestor de proyecto». En el contexto económico, el proyecto goza de un estatus diferente al artístico-cultural, yo diría que incluso el terminológicamente prototípico: para diseñar, por ejemplo, un modelo de coche o la producción anual de dicho modelo de coche hace falta un «proyecto». Y, sin embargo, Ford no es un proyecto, ni tampoco Apple.

La creación cultural y artística, por el contrario, se ahogaría literalmente, si tuviera que «proyectarse», porque lo que la caracteriza es la apertura de lo creado hasta el punto de dejar de ser una «obra». Lo destacable de un proyecto es, además, su cortoplacismo temporal, en el que la creatividad queda circunscrita al intento.

Al no crearse una permanencia, todo se mantiene temporalmente limitado. Un proyecto no puede generar ni una identidad ni mucho menos una continuidad, pero tampoco un sentido. En él, todo se limita a ser una pieza suelta.

¿Ocurre lo mismo con nuestros textos? ¿Acaso solo son ensayos?

¿Puede el reconocimiento de la superación de lo estático ser un proyecto? A un proyecto, por lo general, no le es propio el elemento de la transformación. Además, tampoco es constitutivo de una transición, ni sería capaz de configurarla. Tan solo la puede impulsar, siendo en sí mismo un im-pulso (no en el sentido de «pensar en algo», sino en el de «plantear puntos de partida»). El proyecto no es cultura ni de confrontación ni de protesta. Como mucho, podría ser un paso previo a algo así. Lo que sostiene al proyecto y lo que este expone es su finitud. Si determino que algo es un proyecto, estoy asumiendo que le pertenece esta característica.

¿Debe ser el proyecto una forma de vida? Yo no creo nada duradero, porque sé que vivimos en un tiempo ecléctico, un tiempo lleno de citas (literarias, musicales…) que no pueden o no quieren desprenderse de su código estructural. Mi creatividad le pertenece al «aquí y ahora» y no me atrevo a provocar otra cosa. Al ejercicio de la creatividad ya le es inherente la demolición o la superación. Fracasar no es tan dramático. El proyecto siempre fracasa de antemano, si no basta para crear sentido. ¿Cómo es posible que, a pesar de ello, se sigan haciendo fotos y audios para conservarlos? ¿Para qué, si el proyecto se queda desconectado, desistematizado?

¿Acaso sea la cultura del proyecto en sí misma un proyecto? ¿Para superar la monotonía y el bloqueo?

Por todo ello, prefiero referirme a nuestros paseos resonantes como una obra o forma de vida y denominar nuestros ensayos como estudios o tratados.

¿Dónde comienzan la música, el ruido, el sonido... ?

«Hubiera preferido introducirme subrepticiamente en el discurso que hoy debo pronunciar y en todos aquellos que, quizás durante años, habré de pronunciar aquí». Comenzar con una cita es como no comenzar. De esta manera, se muestra al desnudo el carácter ilusionista de todo comienzo.

El discurso inaugural, que Michel Foucault pronunció en 1970 en el Collège de France, fue publicado posteriormente bajo el título *L'ordre du discours*. La edición que tengo ante mí es un librito fino y acartonado. Es casi demasiado fino para irradiar importancia filosófica. ¿Acaso no se conjura a menudo la importancia mediante profundas y extensas argumentaciones que, a posteriori, acaban vertidas en enormes volúmenes?

Mis pensamientos vuelan hacia la modesta brevedad del Tao-te-king. Y me llevan, además a acordarme de los ensayos de Byung-Chul Han, que también son cortos y, por lo tanto, no demasiado voluminosos. Y sin embargo, la plenitud y profundidad de su contenido hacen que su lectura se asemeje más a un maratón que a un esprint. ¿Y el *Silencio* de John Cage o *El mito de Sísifo* de Camus? Lo que ocurre es que en el contexto europeo el conocimiento humano parece estar más vinculado a los libros voluminosos que a los finos. A esta sensación contribuye el dato curioso de que, en mi pequeña lista de libros finos, solo hay uno europeo. ¡Por supuesto, aún puedo añadir a Nietzsche o a Montaigne! Pero su preeminencia se basa más en su obra completa que en la consideración de determinados textos individuales. Sin lugar a duda, también Foucault está sometido a este criterio.

El librito suyo que tengo ante mí es azul. Es bonito. Da gusto sostenerlo. No es como otros libros que se niegan a que los abramos. Pero ahora también está ya muy usado. Los nombres del autor, la obra y la editorial están impresos en blanco y en un verde claro. «Edición especial limitada», pone discretamente en letras finas al reverso de la cubierta. El elemento decorativo de la portada consiste en unos finos trazos blancos que simbolizan una caja sin tapa. Podría interpretarse como un cajón abierto o como un cartón de mudanza. Ese tipo de cajas que conocemos de las películas norteamericanas. Las que se utilizan cuando alguien tiene que abandonar, por el motivo que sea, su puesto de trabajo, y probablemente también, al incorporarse a uno nuevo.

Asimismo, me recuerda a los prometedores cuadros de Magritte que, en lugar de desvelar, ocultan. En uno de ellos se ve, por ejemplo, una puerta perforada, tras de la cual no se revela nada. Esto me lleva a acordarme de un cuadro de Gerhard Richter: *Cinco puertas.*

L'ordre du discours —es decir, esta edición que sostengo— tiene una superficie sencilla y lisa y un papel tosco y sencillo. Al tocarla, no emite ningún sonido llamativo, quizás tan solo un leve rasguño de los dedos al pasar las páginas. Los sonidos que hacen las puntas de los dedos al tamborilear sobre la cubierta son átonos y planos. Ese tamborileo de bajos tan propio de los libros voluminosos, aquí, tan solo se insinúa. A nivel tonal, las ediciones encuadernadas son más equilibradas y musicales.

Este libro me lo regaló una pareja amiga en 1999 que se eternizó en él al dedicármelo en la primera página. En las páginas siguientes y antes de llegar finalmente al texto, se encuentran las acostumbradas notas editoriales. Divago nuevamente. A mi memoria acude Ernst Bloch, quien, en sus *Huellas* hace comenzar el texto antes que el propio texto. Ahí encontramos este maravilloso aforismo: «¿Y ahora, cómo? Soy. Pero no me poseo. Por eso, aún estamos por ser». O también Menasse, quien a su novela *Sensual certeza* (título original en alemán: *Sinnliche Gewissheit*) le antepone el siguiente apunte: «Primera copia original». También para mí, la pequeña dedicatoria de mis amigos de entonces es una parte más del texto. «Toda huella es la huella de una huella. Ningún elemento estará jamás presente en algún lugar (tampoco simplemente ausente): no hay más que huellas» (Derrida).

Las expresiones culturales tienen, por consiguiente una difusión espacio-temporal. De hecho, constituyen transformaciones espacio-temporales.

Volvamos a Foucault y a su comienzo: «Hubiera preferido introducirme subrepticiamente en el discurso que hoy debo pronunciar y en todos aquellos que, quizás durante años, habré de pronunciar aquí». Sin embargo, la expresión «comenzar» es errónea. Y es esto precisamente, a lo que aspira tratar el presente ensayo: a mostrar que el texto ya ha comenzado. Todo texto comienza siempre antes de que sea legible su primera palabra.

Esto salta a la vista, cuando tenemos ante nosotros la copia de un discurso titulado *El orden del discurso*. En cierto sentido, también la copia es una «copia original». Y, simultáneamente, lo que tenemos es una reducción. Me inquieta pensar en todos los niveles que el texto no puede reflejar. La unidad de este escrito es traicionera. ¿Porqué? Porque no es capaz de representar a la audiencia.

Me imagino una escena: Foucault se dispone a pronunciar su conferencia inaugural, en el mencionado Collège de France. ¿Quién le precedió en aquel lugar? ¿Quiénes exactamente ocuparon esa tribuna, podio o «escenario»? Probablemente, el renombre del *Collège* se deba al gran número de sus conferenciantes y conferenciantas. No quiero consultar quienes fueron exactamente. Sus nombres me dan igual. Pero el cariz protocolario del evento es una indicación de tradición y costumbre.

Lo que a mí me interesa es la actitud de Foucault. Se trata de la forma de comenzar. Y para mí, el comienzo más famoso es este de Foucault. Puede que sea el más firme o dúctil, o el más discreto o tormentoso.

Creo, incluso, que este comienzo de Foucault reúne en sí mismo todas estas actitudes.

Por lo tanto, me puedo imaginar físicamente así a este hombre como sigue. No debe de ser muy alto. Conozco su cara de la contraportada de la edición del volumen *Vigilar y castigar* (título original en alemán *Überwachen und Strafen*) de la editorial Suhrkamp (una obra monumental y profundamente emocional sobre la planificación, las consecuencias, la historia y la organización de las diferentes modalidades de castigo, cuya colorida descripción pictórica no se me borra de la mente). La cara de Foucault se asemeja a la del actor Terence Fletcher. Tiene su misma calva característica y esas grandes orejas. Además, destaca por una mirada profundamente intensa y elocuente. Pienso en Foucault, pero probablemente me esté imaginando a Fletcher, quien en la película *Whiplash* interpreta a un profesor, consumadamente tiránico, de una *bigband* de jazz. El aspecto sí que cuadra, el humor no. ¿O tal vez, sí? La verdad es que no me imagino a Foucault siendo ese tirano. Más bien creo, que tiene un carácter sosegado e introvertido, una cabeza juiciosa que esconde una tremenda historia. Por eso es tímido o, simplemente, prudente. Me imagino que Foucault, sometido al Fletcher de la película, no hubiera podido sobrevivir. Se hubiera roto. Pero allí, en el podio, mientras habla, tiene una voz fuerte y firme, clara en la pronunciación. Así me lo imagino.

Foucault sube, pues, al podio. La audiencia se acomoda en sus asientos. Se escucha el típico crujir de una sala de teatro. Michel Foucault sobrevuela el auditorio con la mirada. Observa a los invitados asistentes. Repasa mentalmente sus «méritos». Mira al público estudiantil que aún tiene por delante su historia universitaria e institucional. Ahora tendría que sentir vergüenza u orgullo, piensa, acordándose de Sartre. Inhala brevemente el ambiente. La madera cruje, las conversaciones enmudecen y huele a pintura vieja, a madera y a humanidad. Siente bajo las yemas de sus dedos la superficie desgastada del podio. Su escrito, una pila de folios ondulados con ángulos doblados en varias páginas, ya está listo para proceder a su lectura.

Me imagino ahora, cómo Michel Foucault se salta el protocolo, por ejemplo la mención a los dignatarios presentes. No saluda a nadie. No le da las gracias a nadie. Pero tampoco los ignora.

«Hubiera preferido introducirme subrepticiamente en el discurso que hoy debo pronunciar y en todos aquellos que, quizás durante años, habré de pronunciar aquí» (inspirado por Foucault, todas mis novelas comienzan con un «y», mediante el cual se presuponen otros acontecimientos y textos precedentes).

Foucault deseaba para sí una voz precursora a la suya, una voz que hablara desde siempre. Le hubiera complacido ser un acompañante secreto de esa voz (¿No será como el Lenz de Büchner, a quien le incomodaba no poder andar de cabeza? ¿O como el Handke que al tropezar halla ante sus ojos una forma? ¿O como la «copia original» de Menasse? Desde un punto de vista histórico, estas referencias no son muy claras). La verdad es que ya en su época se le cumplió el deseo. Tan solo le debió de incomodar tener que exponerse como orador. «Conferencia inaugural» o «conferencia de ingreso». la raíz etimológica de «inauguración» es «augur». Según el *Diccionario digital del idioma alemán* (dwds) el augur era el experto en alguna determinada materia, lo que le facultaba para emitir dictámenes o predicciones. Más poética aún es su ancestral acepción de «intérprete del vuelo de los pájaros».

La dirección de la institución, o mejor dicho, la autoridad protocolaria, había confeccionado para él una toga, cuyos gemelos centellaban con el escudo de la institución, tirando pesadamente de las mangas.

«Más que tomar la palabra, hubiera preferido verme envuelto por ella y transportado más allá de todo comienzo», dice su segunda frase. En realidad, Foucault no había tomado la palabra, sino que simplemente la había prolongado. Era la institución, la que en verdad se había hecho con él. Se diría, incluso, que lo había corrompido algo. Sin embargo, le debemos completamente a esta intervención, la de tomar la palabra (el sustantivo «tomado» no existe), que se haya podido captar ese espíritu silencioso de Foucault que se elevó sobre el «escenario» (todavía queda por tratar el tema de la escenografía). Solo gracias a este acto, Foucault se ha hecho realmente palpable. Pienso en Marshall McLuhan: «El medio es el mensaje». Y este proceso se potencia mediante la posterior producción del libro *L'ordre du discours* (según las fuentes dwds y RAE, «producción» se deriva de *«producere»*: 'elaborar', 'originar'). Hoy día la producción no es una forma de preservación o conservación, sino de masificación. La palabra, convertida en libro, se vuelve un objeto de consumo que se puede adquirir y que, a menudo, incluso es para «consumo final» (pienso en el *Tu nombre* de Kermani, en el que el protagonista utiliza a Hölderlin para calzar una mesa).

Me parece que se transmite una imagen romántica (inspirada por *El Nombre de la Rosa* de Umberto Eco) de los (experimentados) viajeros sedientos de conocimiento, como la figura de aquel alumno de un monasterio de la Edad Media. Qué turbaciones e inseguridades tuvieron que padecer aquellas personas que deseaban adquirir conocimientos. Las bibliotecas modernas tan solo son un reflejo esquemático de esa imagen. Este es un fenómeno del cual que también Foucault es consciente: está ingresando en el circuito productivo. Al parecer, parece que también se resiste a ello, pero sin éxito ni determinación (porque en caso contrario no habría pronunciado su conferencia inaugural ni tendríamos su edición en papel).

A esta conferencia de ingreso le seguirá la obra *Vigilar y castigar*. Si se unieran ambos títulos (como en la novela de Calvino *Si una noche de invierno un viajero*) se desvelaría el sistema al que Foucault se siente sometido (me refiero a ese Foucault en mi cabeza que se parece tanto a Fletcher): *Vigilar y castigar el orden del discurso*.

Aquí se nos abre un campo asociativo ilimitado.

Cada imagen idiomática, emocional o figurativa proyectada contiene un ritmo, una melodía. Vemos, cómo cada imagen nos ofrece «un hilo de Ariadna» de asociaciones que no lleva a ninguna parte. Pero en alguna parte hay que cortarlo para limitarlo. Este es el paso que Foucault teme. Pues el límite trazado lo que muestra es arbitrariedad y aleatoriedad.

¿Acaso nos encontramos ante ese delicado momento en el discurso de Foucault que demarca o delimita el campo de las asociaciones y que acostumbramos a denominar «comienzo»? No. Un comienzo exige un interior y un exterior. El campo del que hablamos, sin embargo, se acerca mucho más a la idea de la «biblioteca de Babel» de Borges que no tiene un exterior. Por otra parte, la referencia a Borges nos catapulta a la imagen del laberinto infinito Esto me permite trazar referencias cruzadas a los laberintos de otras obras, jardines, iglesias y, primigeniamente, al laberinto del minotauro, del que sabemos que no fue el primero. Y aquí está de nuevo ante nuestros ojos el famoso hilo de Ariadna.

Por eso, tal vez convendría no hablar de «comienzo» en referencia a una obra, sino de «emprendimiento» (efectivamente, em-prender proviene originariamente de 'prender'). En alemán, la palabra «*Beginn*» (comienzo) parece tener su origen en «*berühren*» (tocar). Pero no pudo conservar su significado original. Por eso ahora alardea de un significado plano, pulido y abstracto.

¿Cuándo comienza algo? Esta pregunta nos sirve como punto de partida para nuestra «investigación», para la cual hemos compuesto esta larga introducción sobre Foucault y las referencias cruzadas. Por eso, la pregunta ha caído, aproximadamente, en la mitad del texto. Cuando lo comenzamos, sabíamos que nos haría fracasar, de manera que buscamos ayuda en Foucault. Buscamos ayuda en la desesperación de Foucault.

¿Cuándo comienza algo?

La pregunta es pegadiza. Podemos escuchar las voces que surgen a partir de nuestras experiencias, de nuestro lenguaje y de nuestro entorno que, respondiendo a un reflejo conservador, se aferran a técnicas institucionales o protocolarias denominadas rituales o tradiciones (así, por ejemplo, cuando se piensa en la retrospectiva de un artista, siempre hay que traspasar un umbral; cuando se habla de distintas acciones u objetos su funcionalidad está pulida y diferenciada al milímetro; o cuando el término «obra» evoca, por sí mismo, su final y su comienzo). El director de orquesta determina cuándo da comienzo la actuación del solista, el inicio de un disco de vinilo lo determina la construcción o composición luminosa de sus pistas. Nos encanta enmarcar cuadros y colocar estatuas sobre pedestales. El comienzo y el final son, por lo demás, fronteras ritualizadas que se reactualizan en la repetición. Las voces que escuchamos perpetúan una concepción cuantificadora del arte que está, por así decirlo, al servicio del flujo consumista. Se es consciente de esta forma de arte (nos referimos a este «se» impersonal y difuso, ya que no estamos del todo seguros de que lo que decimos sea aplicable a todo el mundo, pero sí sabemos que es lo asumible por todo el mundo). Por ello, el denominado arte se expone, muestra, escenifica. Se destaca y, por consiguiente, se vierte en una forma moldeada. De esta manera, el arte adquiere algo ritual. Y así se concentra en puntos nodales que se pueden controlar bien. Ahora hay que intentar aparecer en el radar (parece fácil...). La apertura es un camino específico hacia la integración.

La escenificación del final de una obra de arte le entrega al receptor o a la receptora un «después» que le permite regresar al hogar acostumbrado.

Algunos dirán que la categorización ayuda a pensar, pero ocurre lo contrario. Las personas que tienen esta visión crítica se aferran a una noción de pensar desgastada que desprecia la intuición, la asociación de ideas y la creatividad.

Pero nosotros constatamos: en el arte no hay ni un principio ni un final. En ese aspecto, la actividad artística supera nuestra vida. Y en ello radica probablemente su motivación. Esto lo formula Hanna Arendt en su *Concepción de la producción*. Producir debe tener un efecto que sea victorioso frente a la mortalidad humana, al otorgarle lo producido a la vida una continuidad que perdure más allá de la muerte. Esto también lo expresa Sartre de manera especial en su obra *Las palabras*, en la cual declara el miedo a la temporalidad como causa de la corriente ininterrumpida de su escritura.

También es posible que lo que mueva a los seres humanos sean las preguntas formuladas por Bloch. En ellas se sugiere un punto fijo de inicio y finalización: ¿De dónde venimos? ¿Adónde vamos? ¿Qué esperamos? ¿Qué nos espera? ¿Quiénes somos? Queremos tener un sentido que se manifieste en la continuidad mencionada. En el mejor de los casos, tendrían que tener sentido nuestro nacimiento (que por eso, en ocasiones, se considera un regalo) y nuestra muerte (renuncio aquí a un excurso sobre Heidegger, Camus, Sartre, Nietzsche y Byungchul Han). El sentido necesita ir aparejado a la fijación de la permanencia. Una cosa, un procedimiento o lo más grande, una vida, parece que solo adquieren sentido —o así nos lo sugiere el mundo que nos rodea—, si han sido completados o, como mínimo, enmarcados. Por eso, la afirmación trascendente de que «el camino es la meta» resulta romántica, pero también ajena al mundo real.

Sin embargo, lo artístico adquiere su forma tan especial precisamente porque no ha sido completado. Lo artístico siempre va y quiere llegar más lejos (por eso para la adquisición de conocimiento se prefiere la ciencia antes que el arte. La ciencia consigue resultados, aunque su devenir histórico también está marcado por retractaciones o revisiones). Es en este punto, donde alcanzamos un puente tendido hacia Foucault. Para él, tanto la filosofía como el discurso son arte. Probablemente habría que hablar también de Beuys. O de Bansky y otros muchos. El arte interviene, reconduce, promete un nuevo punto de vista o una nueva sensación del tiempo; recompone o descompone, otorga una voz o la retira. Pero siempre constituye el intento de lanzar al futuro algo que ha sido. Es, a la par, acción y propuesta (o plan) de acción, comprensión y la expresión de la incomprensión. Y de esta manera constituye un acceso intenso a la vida y a la realidad. El arte se desliza como una niebla de plata en los pensamientos, en los mundos afectivos y en la autopercepción. El arte no permite que nos mantengamos indiferentes. Por eso, se encuentra inmerso en un cambio constante. Quien ama el arte lo acompaña caminando por sus intrincados senderos. No los sigue, sino que les hace hablar y los realiza.

Los intentos de dividir un acto artístico ignoran su estructura interna. El arte es episódico, pero los episodios fluyen entre sí. Solo es posible reconocer un episodio como tal mediante una focalización temporalmente constituida. Quizás también se reconozca en el episodio la falta de capacidad del ser humano de captar en un instante la inmensidad del todo. Solo por ello necesitamos el término de «arte». Pero aquí el lenguaje —o mejor dicho, el metalenguaje—, al querer comprender y preparar para ello su escalpelo, nos empuja a caer en la trampa. Si tuviéramos en cuenta, que las intervenciones quirúrgicas están pensadas para extraer cuerpos extraños o para reparar un daño, el tan sobrevalorado metalenguaje se podría constreñir a sus límites (también en el presente texto). Pero es como si la intervención fuera la propia enfermedad.

Que aquí nos fijemos intensamente en el lenguaje verbal también es un error. El arte debe volver a ser lo que es: vida. El arte es participación. La separación entre personas receptoras y productoras es tentadora. Nos complace repartir competencias y sus consiguientes responsabilidades. El arte, sin embargo, es en todas sus fases productivo (¿de «producto» [en alemán, *Zeug*] en el sentido de Heidegger?). Se trata de una productividad que sobrepasa el proceso interpretativo. Tal vez pudiera constituirse el neologismo «interparticipación». En él puede expresarse la fortaleza social del arte. El arte teje la red de la sociedad y de la comunidad. Un proceso que solo funciona y debe funcionar sobre la base de una natural reciprocidad.

Por eso, los paseos resonantes también nos impulsan a estar a la altura de esta red y a celebrarla. Son la viva expresión de esta idea de arte.

El arte como participación se corresponde con el vuelo en zigzag de las moscas en esa habitación, de la que Barthes habla en su obra *El placer del texto* (véase también el *Tristam Shandy* de Lawrence Sterne). Aunque nuestra observación y participación parezcan obedecer a una continuidad cronológica, no lo hacen en absoluto. Se parecen mucho más a esa mosca, o mejor dicho, al revoloteo de todo un enjambre. Asociaciones y pensamientos que se acumulan; saltos que muchas veces pegamos descontrolados, retrocediendo páginas enteras; extremidades entumecidas que nos rascamos o masajeamos; otros textos de referencia que consultamos; sonidos que generamos; parloteamos, investigamos, escribimos o pintamos; discutimos, hablamos y mucho más (como responder de pasada a mensajes en nuestro *smartphone* hacer té o espantar a un mosquito pesado).

Por eso, cuando nos preguntamos por el comienzo y el final, aparece súbitamente la imagen de las moscas como una determinada concreción espacial. La pregunta que nos hicimos más arriba (mientras no le dé la vuelta al libro, aún persistirá la distinción entre el «arriba» y el «abajo») revela un concepto de arte incompatible con el ser de los humanos.

Un síntoma de esta perspectiva equivocada son expresiones como, por ejemplo, «pieza musical». En primer lugar, por estar llena de una arrogancia que desvincula a la música de todo lo que denominamos sonido, ruido, estrépito o similar. Si buscamos la diferencia de estos términos con lo que, supuestamente, es la música, no podemos encontrar ninguna. Tampoco vemos la transición fluida que hay entre ellos. Pero pongámonos atrás en la cola y aceptemos una definición de música comercialmente preconcebida, lista para ser vendida, por hacerse cuantificable y porque es posible presentarla en un formato prensado. Solo de esta manera puede convertirse en una pieza. Así, la música queda aprisionada entre la tradición, la industria y la autoridad: en primer lugar, una tradición basada en determinada instrumentalidad o carpeta para archivar o grabar sonidos; una industria que determina lo que es comercial y que es, en consecuencia, la que define lo que es musical; y una autoridad, por ejemplo de catedráticos, desde cuya cátedra determinan lo que es música. Una música que, así, se solidifica. En este campo de tensión nada espectacular, se trocea la música como una tarta. Es de ahí, pues, de donde surgen las «piezas», reproducibles todas ellas, para satisfacción de todo el mundo.

Alguien dirá ahora: «Sí, pero la noción de música está hoy día mucho más avanzada que antes, y en algún momento habrá que poner un punto». Por supuesto que no queremos contradecir a quienes piensan así. Lo que queremos es mostrarles que se encuentran anclados en esa trinidad de «tradición, industria y autoridad» y que, por lo tanto, la perpetúan. Y, al fin y al cabo, de lo que también se trata siempre es de poder. Nos podemos imaginar que, ante estas palabras, nuestros viejos conocidos, los dignatarios y dignatarias, se rebullen nerviosamente en sus asientos, como si quisieran colocar demostrativamente más recto sus respaldos. Ya no pueden más. Desconectan —de nuevo una forma de metáfora—, porque ya saben lo que viene a continuación. Pues sí, se trata de poder.

Aquí nuestro texto parece volverse repetitivo. Pero hasta que algo que se dice o que se desvela no se lleva a la práctica, no deja de necesitar ser repetido insistentemente.

Para nosotros, la música tiene que ser discurso, al igual que todo lo que comúnmente se denomina arte o incluso vida. Y esta música, que es discurso, tiene que alcanzar una forma de existencia, y nosotros escuchamos entonces esa voz que soñó Foucault.

Nos gustaría explicar nuestra idea mediante la siguiente descripción del siguiente pequeño episodio cotidiano.

Hoy no la ha despertado el despertador. Ella había pedido que, al menos los sábados, no se pusiera. El resto de la semana suena puntual a las 6:25 h. De alguna manera, el fin de semana debe romper con la rutina. Él se levanta antes que ella. Esto es poco habitual, pero a ella le gusta, y a él también. Son las 7:30 h y el sol brilla suavemente a través de las cortinas cuando él se dispone a salir para preparar el desayuno: tostadas, zumo de naranja y mermelada. Ahora que el desayuno ya está listo y que ella aún está en la cama, él se lo lleva en una bandeja. Ella está leyendo una novela, el *Péndulo de Foucault* de Umberto Eco. Ya se ha leído las primeras 70 páginas. Ella tan solo le sonríe, cuando él deja la bandeja junto a ella y vuelve a salir. Él desayuna en la cocina. Más tarde se reúnen en el salón para salir juntos a pasear. El día, aunque más corto que de costumbre, aún es largo. Él transmite calma y bienestar; y, si el vecino no cortara el césped, también transmitiría silencio. Dan su paseo habitual, saludando de vez en cuando a alguien. Hablan de sus hijos y de la boda de la hija, que se celebrará dentro de tres semanas. Todavía queda mucho por organizar. Sobre todo deberían contactar con sus consuegros. De vuelta en casa, él se retira a su taller. Quiere construir una mesa con cuatro sillas para el jardín. Se cambia, poniéndose su mono azul. Ella quiere cocinar algo un poco más elaborado que de costumbre, por lo que sale a la compra y luego se mete en la cocina.

Después de comer ya casi es la hora de vestirse para salir, pues tienen entradas para el concierto filarmónico de esta tarde-noche. Pero aún les queda media hora. Están sentados en el sofá viendo los resultados deportivos de ese sábado. Él es el primero que se levanta para darse una ducha y vestirse de traje oscuro. Ella le sigue, se pone un vestido elegante, una chaquetita fina y unas gotas de su mejor perfume. Las entradas para el concierto (había sido el cumpleaños de ella) llevaban dos meses colgadas del tablero de corcho que hay en la entrada. Han podido verlas todos los días.

Ahora se suben a su coche nuevo y lo conducen hasta el aparcamiento subterráneo del auditorio. Desde allí se dirigen al vestíbulo, donde se toman una copa de vino antes del concierto y se imbuyen del ambiente que les rodea. En el vestíbulo, donde ahora están, reina un vivo ajetreo de pasos dirigidos y de pasos perdidos. La gente deja en el guardarropa sus chaquetones, o sus mochilas. Unos van al lavabo, otros ya se afanan por encontrar el acceso correcto a los asientos consignados en sus entradas. Las voces en el vestíbulo se asemejan a las de un enjambre en su modulación al movimiento de las personas. Nuestra pareja de protagonistas también se pone en marcha hacia la sala de conciertos, se pone en una fila y ocupa sus asientos entre la fila de asientos plegables. Sobre el escenario, el personal técnico pone sillas y luces en su sitio, algunos intérpretes en solitario suben sus instrumentos al escenario y los colocan en sus correspondientes soportes. Después, el escenario se vacía. Lentamente, la luz se va atenuando, los sonidos de toses y carraspeos se precipitan como una granizada. Entonces, los músicos y las músicas suben al escenario. Algunos con instrumentos, otros sin. Comienza su última afinación. Finalmente aparece en escena, tras una breve pausa de silencio —otra vez los carraspeos y las toses— la directora de orquesta, que saluda a los músicos y a las músicas y, en especial, al primer violín. A continuación, se sube a su podio y deja que remita el aplauso que se ha generado. Entonces, se prepara. Cada director o directora de orquesta tiene sus propios rituales. Con un balanceo de la batuta comienza el concierto.

Esto debería bastar.

Lo que no hemos mencionado: había en el auditorio gente tan arreglada, que sus atuendos tintineaban y crepitaban; en cambio otros, no muchos, no iban adecuadamente vestidos para la ocasión. El público estaba compuesto principalmente por gente mayor de sesenta años. Algunas butacas rechinaban llamativamente. Alguien se levantó para ir al baño… Y la tos de un señor, en medio del tercer movimiento, quedará integrada para siempre como una parte integrante más de la pieza musical escuchada por todos los presentes, aunque se piensen que la pueden obviar.

Con mucho gusto le invitamos a contar las impresiones acústicas implícitas en este breve texto. Y a añadir o multiplicar, a continuación, todo lo que la mujer percibe a diario en su oficina como jurista por cuenta ajena. Y él, por su parte, trabaja en el sector de la construcción. Tienen dos hijos. Imagínese todas las fiestas familiares Sería una banalidad decir que nuestro aparato auditivo siempre está inmerso en impresiones (véase el *Silencio* de Cage).

¿Desde qué esfera sonora surgen sus costumbres, preferencias y su comprensión del mundo?

¿Y cuándo comenzó realmente esta historia? ¿Al despertar? Pero, además, se han mencionado sus profesiones. En ellas también van siempre implícitas las etapas de formación escolar, universitaria profesional, etc. Y tras todas ellas se esconde, desde la infancia preescolar, el encuentro casual con las personas que serán nuestras amistades, colegas o parejas. ¿A través de qué medios han escuchado qué música? ¿A qué conciertos han ido y qué exposiciones han visitado? ¿Qué libros han leído y qué cosas han montado o construido? ¿Habrá entre el público algún oyente que tenga alguna limitación auditiva o que incluso lleve puesto un audífono? Y aquí ya se eterniza la historia. Michael Ende tenía razón, pero lamentablemente solo le puso a una de sus novelas el título de *La historia interminable*. Todas las novelas merecerían titularse así. También todas las «piezas» musicales. Así perderían su fragmentación.

¿Cuándo exactamente ha comenzado el relatado concierto? Pues resulta que no ha comenzado nunca. Lo que pasa es que hemos ritualizado el comienzo para guardar unas determinadas apariencias. Lo enmarcamos tal y como lo hacemos con una pintura. El marco tiene que apoyar nuestra comprensión. Por eso, podemos afirmar acerca de la música que es un arte sonoro ordenado o un sistema de orden acústico, o algo así. Esta comprensión de lo que es la música no es otra cosa que seleccionar y evaluar lo que a posteriori nos predispone a escucharla. Escuchamos clamar a Rilke: «¡Me estáis matando todas las cosas!». Esta comprensión le ha sido superpuesta a la vida. Parece servir a la orientación y, sin embargo niega la magia que hay en las cosas. «¡Más oscuridad!», queremos exclamar.

Lo que aquí decimos sobre la música es aplicable a otras artes. Pero vamos a fijarnos de nuevo prioritariamente en la literatura.

Porque incluso la escritura ha de brillar siempre en el conocimiento y ha de sentir, a base de tirones, que no acaba nunca. Las palabras giran y cambian, pelean entre sí. Y cuando el texto las atrapa, las cambia y renueva. Y cada lector o lectora modifica el texto, lo renueva, y, si no lo renueva, como mínimo, lo modifica.

Un día escribí un texto sobe Leslie A. Fiedler, que espero se entienda como un palimpsesto acerca de él. Fiedler defendía en su texto, el cual, por cierto, no tenía un lugar de origen determinado (apareció simultáneamente en varias revistas), la tesis de que había que cerrar el abismo (*gap*, en inglés) entre la cultura más elevada y la más baja. En mi propio texto quise cerrar las fronteras que hay entre todos los textos y géneros. Las citas (preguntas sin forma) se encadenaban sin comentar, una detrás de otra, los facsímiles y la publicidad estaban enervados en el texto, además de una obra de teatro que, a su vez, contenía el texto de Fiedler, pero no su versión original. Del texto también formaban parte varios CD, recomendaciones musicales, una película. La primera palabra de mi texto es «y» («*und*», en alemán).

Pero esto, además, se puede ver también desde otro ángulo más, que es, precisamente, lo que estamos haciendo con los paseos resonantes. Sabemos que no somos los que fijamos el comienzo y que tampoco somos los primeros. Tampoco terminamos nada, sino que nos escabullimos en un discurso. Hablemos, por consiguiente, de las fronteras, de comenzar, de entrar y de sus contrarios, para que se interpreten siempre como una percepción efímera de las situaciones especiales, teniendo en cuenta que nosotros mismos ni aceptamos ni percibimos las fronteras. Por el contrario, nos involucramos mucho más en las necesidades básicas de un discurso ancestral.

Pensamos que estas reflexiones contienen unos enfoques dirigidos a oponerse a la división de la sociedad en general. Sin principio ni final tampoco puede haber ni racismo ni sexismo ni violencia de género ni especismo. No se trata de nivelarlo todo, sino de reconocer una determinada esencia a la que le son inherentes todas las fronteras.

En: Hombroich – Por

En un día maravillosamente soleado y cálido nos fuimos en coche a la antigua base de misiles *Raketenstation Hombroich*. Como el lugar está ubicado en un apartado entorno natural, no solo destaca por su diseño arquitectónico, sino por su exclusividad.

Para mí, la forma de arte más perfecta, o mejor dicho, la más amplia, es la arquitectura. Mientras que las demás artes parecen ser algo «añadido» a nuestro ser, la arquitectura, y por supuesto también el paisajismo, no solo nos rodea, sino que constituye una parte integral y necesaria de lo que somos. Cada momento que pasamos en un edificio es una interpretación. La manera que tenemos de relacionarnos con él es un reflejo de nuestra forma de vida. Y, en eso, la arquitectura juega un papel tan inmediato como cotidiano. Se trata de una interacción recíproca, en la que nuestro entorno —y la posibilidad de crear espacios— influyen sobre nuestra forma de ver el mundo desde una dimensión económica, estética, potenciadora o creadora de valor.

Este enfoque que Holger da a sus *performances* —el del espacio transformador— me fascinó al instante. Porque, al cuestionar el uso normal que se hace de un determinado espacio, afloran las posibilidades intrínsecas que hay en él. Holger sonsaca historias a los espacios haciéndoles cosquillas. En algún caso, incluso es él quien les otorga su espacialidad (véase el ensayo «Espacio»).

Sin embargo, los paseos resonantes iban a cambiar de orientación. Queríamos alejarnos de los lugares preconfigurados, pasar de interpretaciones preinstaladas a lugares que, si bien no eran amorfos, no estuvieran fundamentalmente determinados por la humanidad. Pero, ¿hasta qué punto sería posible transformarlos, espaciarlos? Lamentablemente, llegamos a una conclusión de la que no pudimos desprendernos ya más (y que se hará patente a lo largo de los ensayos): todo está sometido al beneplácito humano. Todo árbol desarrollado ha sido autorizado a crecer en el lugar y de la forma en la que se nos aparece. No siempre se le permite seguir creciendo. No siempre se le permite crecer salvaje. Todo árbol está sometido a la voluntad humana.

A primera vista, sin embargo, parecería que un bosque ha crecido de forma natural. Pero lo que al final hacemos, es pisar unos senderos que ya han sido explorados previamente, que tienen la particularidad de constituir, por sí mismos, una interpretación de la forma de moverse y de los deseos utilitarios del hombre. Por supuesto, también son una protección de la naturaleza.

El bosque es diferente a las superficies selladas de las casas, calles y plazas, en las que se mueve principalmente el ser humano. Parece caótico y enrevesado. Los animales y las plantas tienen sus propios ritmos que solo lentamente aprendemos a comprender con nuestros propios ojos. Los procesos naturales no siempre nos son asequibles, aunque las ciencias seguro que los podrían describir. Un espacio se transforma en otro cuando lo comprendemos. De ahí surge la mística del bosque. Esto lo ha sabido aprovechar, y no pocas veces, nuestro mundo de los cuentos. Pero de algún modo fascinante, para nosotros el bosque no es un lugar hostil, sino que nos envuelve como una manta llena de vitalidad, con sus olores, sonidos, tonos y con el sosiego de su rostro. Por eso, hoy día hasta hay cursos para acercarnos de nuevo al bosque y devolvernos su magia y grandeza (por ejemplo, «baños de bosque»).

Esto se parece a los baños de mar. Aunque más fantástico aún, porque está claro, que el mar no puede ser un lugar habitable para nosotros y que incluso puede tener una fuerza destructiva.

Cuando llegamos a la antigua base de misiles de Hombroich, lo que hicimos, por el contrario, fue desviar ligeramente nuestro recorrido por los senderos naturales y entrar en un parque especialmente asombroso por su diseño arquitectónico. Caminábamos despacio, siguiendo desde el principio el sendero del lado derecho del parque, y nos encontramos con una de las numerosas casas de ladrillo que parecía estar en desuso. Quizás servía para acoger eventos esporádicos. Las praderas en esta parte del parque están salvajes, crecen al natural. Intentamos tamborilear contra las paredes de la casa. Pero nos interesó más una tapa metálica, parecida a la tapa de una canalización, de la que salía un tubo de ventilación. Este tubo nos ofreció una gran variedad de sonidos. Tocábamos con baquetas de madera, así como con algunas de plástico.

Hacía solo un momento que habíamos vivido uno de los episodios más emblemáticos, a mi modo de ver, de nuestros paseos resonantes. Yo aún estaba explorando el interior de la casa, arrimándome para ello a sus ventanas. No se distinguía nada. De pronto, me volví hacia Holger. Estaba de pie ante un largo cardo que le llegaba a la altura del pecho. Había comenzado a explorarlo con unos ligeros roces y tamborileos de los dedos. El cardo solo se meció suavemente. Solo fue una pequeña y también breve performance. Entonces, se volvió hacia mí y me dijo: «Porque yo, sí que lo valgo». A partir de entonces, la dimensión resonante de las performances adquirió para nosotros suma importancia (véanse los ensayos «Infraestructura», «Espacio», «Lentitud» y «Elegancia»).

Sobre el terreno discurría un sendero de cemento que indicaba por dónde había que ir y al que seguimos, mirando dentro de las casas, todas ellas cerradas, tamborileando tan solo un poco, pero experimentando, por ejemplo, con los ecos.

Nos volvimos a parar en dos sitios más. Uno de ellos estaba diseñado en forma de dos grandes cuencos de metal, uno bocarriba y el otro bocabajo. Estas instalaciones me fascinaron sobre todo a mí. Más tarde supimos, que es ahí donde estuvieron colocadas las rampas para disparar los misiles.

El cuenco colocado bocabajo generó una curiosidad sonora, de la que solo nos dimos cuenta más tarde. Estuve jugando bajo su parte más profunda con unas pelotas de tenis y con una lata aplastada sobre el suelo de cemento. Cada sonido se multiplicó con un eco polifacético. Intenté reencontrarme a mí mismo en él. Jugaba contra el eco o lo dejaba morir, intentaba sincronizarme con él o colocarlo en el centro como sonido «principal». Holger se había sentado en lo que se insinuaba que eran unos asientos para el público. Él no oía el eco. Más tarde diría que fue bonito observarme y también escucharme, porque se me veía estar al unísono con mis propios movimientos.

El otro cuenco tenía un agujero en medio, hacia el que había que caminar agachado, si uno quería colocarse de pie en él. Así, llegamos a estar en el centro de un inmenso gong que parecía vibrar infinitamente. Dejé botar y rodar pelotas de tenis sobre la superficie del cuenco y toqué sus bordes con las baquetas de gong. Allí, el eco producido era la longitud de onda de la vibración.

El segundo lugar donde nos paramos era una escultura de madera en forma de rectángulo grande pero torcido, que se podía pisar y que tenía unas pasarelas que lo recorrían en forma de cruz. Calculé que tendría unos dieciséis metros cuadrados. En su interior, había dos pedestales torcidos que ofrecían suficiente sitio para sentarse. También aquí nos introdujimos como en un instrumento de música gigante. Holger intentó acercarse al cubo arrastrándose, arañando, dando golpecitos y tamborileando. Su *performance* fue muy intensa. Jugaba con el volumen del sonido, con las formas del movimiento, tamborileando en todas las direcciones. Su tamborileo era triste, melancólico. Resultó impresionante la manera, en la que al final evocó silenciosamente un determinado episodio del pasado: mediante un gesto en apariencia antinatural, golpeó repetidamente con la cabeza la pared exterior del cubo, cada vez con más suavidad, pero durante un largo rato. Holger había soñado siempre con sustituir o complementar el lenguaje hablado mediante otras formas de comunicación. Con ese preciso movimiento evocaba una conferencia suya, en medio de la cual y con la intención de incorporar una nueva dimensión a la conversación también lo había realizado.

Estas formas de «prolongación» son lo que los paseos resonantes precisamente tratan de explorar.

Meditación sobre Bruce Lee

«Be water»

«Empty | ¡Vacía tu espíritu!
your mind, | El espíritu vacío es lo presente ___
  | El espíritu vacío es lo atento ___
be | El espíritu vacío es lo concentrado ___
formless, | El espíritu vacío es lo alarmado ___
shapeless | El espíritu vacío es, también, lo relajado ___
— | ___
like water. | El espíritu vacío es lo liberado de las tradiciones
 | ___
 | El espíritu vacío es lo liberado de la historia
 | ___
Now you | El espíritu vacío es lo liberado de Dios ___
put water | El espíritu vacío es un espíritu vaciado
in a cup, | ___
it | El espíritu vacío es todos los colores ___
becomes | El espíritu vacío es todos los humores ___
the cup; | ___
You put | El espíritu vacío es todos los tonos o
water | sonidos ___
into a | El espíritu vacío es libre de todo prejuicio
bottle | ___
it be | El espíritu vacío es pacífico ___
comes | El espíritu vacío es liberal ___
the bottle; | El espíritu vacío es concentración ___
You | El espíritu vacío es percepción ___
put it | El espíritu vacío es apertura al futuro ___
in a tea | El espíritu vacío es todos los idiomas del
pot | mundo ___
it |

becomes
the tea
pot.

El espíritu vacío es independencia de valores ___
El espíritu vacío es independencia de juicios ___
El espíritu vacío es meditación ___
El espíritu vacío es independencia de aprendizajes

___

El espíritu vacío es sabio ___
El espíritu vacío es maduro ___
El espíritu vacío es libre en todas las direcciones ___

___

Now
water can
flow
or
it can
crash.

El espíritu vacío no sabe todavía.
El espíritu vacío es consciente ___
El espíritu vacío es todos ___
El espíritu vacío es el AQUÍ.

¡Sé informe!
Sé el espíritu vacío
    Sé inatacable
    No seas una categoría
    No seas predecible
No seas de cualquier manera
Sé libre para ser algo
Sé apertura a todas las interpretaciones
Sé apertura
Sé agua
¡Sé agua!
Sé explosividad durmiente
Sé lo que haga falta
Sé lo presente
Sé lo alerta
Sé lo preparado
Sé todo
Sé presencia en el medio ambiente
Sé ese medio ambiente

Be water,
my friend».

No seas lo determinado
Sé las posibilidades del momento
¡Sé agua!

                    ¡Sé un amigo o una amiga!

Deporte - Tocar el cielo con la mano

2d7n – dos de set nets; 4d7n – cuatre de set nets; 4d8 – cuatre de vuit; 3d8f – tres de vuit amb folre; 4d9f – cuatre de nou amb folre; 5d8 – cinc de vuit; 3d9fm – tres de nou amb folre i manilles; 7d8 – set de vuit. De la pared blanca encalada cuelgan ocho coloridas hojas de gran formato. La pared de enfrente está completamente cubierta por un cartel que muestra la foto de una torre humana de muchos pisos. Todos sus integrantes llevan la misma camisa a rayas rosas. En el vértice de la torre se sostiene, de pie, un niño con casco. Estira un brazo hacia el cielo. En la parte baja de la foto pone en grandes letras: «*Castells, tocant el cel amb la ma*» («Los *castells*, tocando el cielo con la mano»).

No hay mucha actividad aún, pero todavía faltan casi quince minutos para que comience el entrenamiento o el ensayo. Entonces, hasta doscientos deportistas llenarán el local. Juntos van a construir torres utilizando como únicos materiales la fuerza corporal, el equilibrio, la valentía y la sensatez (véase: https://www.youtube.com/ watch?v= Pm-YgfXXK98).

Aún reina la tranquilidad en el local. Eric entra y lo atraviesa para llegar a los enganches que inspecciona brevemente con mirada crítica. A continuación, deposita sonoramente la pesada llave de la sala sobre una cómoda que le llega a la altura de las caderas. Eric siempre es el primero. A continuación, abre el portón del local y prepara el entrenamiento. Para ello utiliza un ordenador portátil que enciende y en el que abre el programa correspondiente, desarrollado exprofeso para organizar los ensayos. El de hoy ya lo tiene guardado. El proyector se enciende y arroja la imagen del portátil sobre una gran pantalla.

Eric lleva una camisa gruesa con una insignia impresa de los «*Xiquets de Tarragona*». La camisa es del color del club, a rayas rosas y blancas, como en el cartel. El pantalón que lleva es blanco. Se acaba de quitar los zapatos, unas ligeras sandalias.

Da unos pasos atrás para poder ver mejor la proyección. Comprueba un par de nombres y algunos huecos que aún se ven. Espera que hoy asistan muchos participantes y así puedan cerrarlos.

Eric mira distraído el alrededor. El local tiene mucha altura de techo. Seguro que llega a los dieciséis metros. Es más alto que ancho o largo. A media altura, a unos ocho metros, cuelga una red doblada de malla gruesa con tres grandes agujeros redondos. Yo diría que por esos agujeros pueden pasar dos personas adultas.

Aparte de unas cuantas columnas de andamio no hay más instalaciones. Las paredes están sencillamente encaladas. Sobre el suelo están colocadas unas colchonetas recias, como las que hay en los gimnasios. Lo que expresa todo este espacio es que, aquí, uno se puede caer, pero también y sobre todo que, aquí, uno no se cae.

Ayer, Eric pegó a la pared con Alfonso los ocho folios con los códigos de las formaciones que van a entrenar hoy. Se trata de uno de los últimos entrenamientos antes de la fiesta grande de la ciudad, la Fiesta Mayor, en la que también estará presente la televisión local. El encuentro se transmitirá en directo.

Eric ve a Jordi entrar por el gran portón, quien le lanza un sonoro saludo. Eric se lo devuelve amablemente, aunque más comedido. Lleva un rato enfrascado en su programa de ordenador. Jordi mira a su alrededor, pero aún no ha llegado nadie más. Se libera de su mochila.

Jordi ha estado hoy muy poco tiempo en su casa, tan solo para llenar su pequeña mochila y comer algo. No necesita muchas cosas: una *faixa* (la tradicional faja hecha de una larga tira de tela), un *mocador* (el tradicional pañuelo rojo con puntos blancos) una camisa y agua. Saca la ropa de la mochila y se cambia el polo que lleva por la camisa a rayas rosas y blancas. Después de salir de su trabajo, solo le ha dado tiempo a cenar algo rápido antes de empezar el entrenamiento: un pan con tomate. Después, se ha ido corriendo al ayuntamiento, que es el lugar donde se hace el ensayo.

Ayer estuvo en el gimnasio reforzando piernas y espalda. También fortaleció las articulaciones de las rodillas, así como las pantorrillas. Todo ello completado con un trabajo de abdominales y una hora adicional de yoga para la espalda. Hoy siente los músculos relajados, aunque aún nota algo el esfuerzo de ayer.

Hace cinco años que Jordi está en la *colla* (que es algo así como un club). Lo introdujo en ella su compañero de trabajo Matías quien, por así decirlo, lo tiró al agua sin rodeos. Matías está en la *colla* desde pequeño. Siempre le hablaba a Jordi de los *castells* y lo hacía tan vivamente, que un día Jordi se animó a ir a ver uno a la Fiesta Grande de Mataró.

Los *castells* le fascinaron de inmediato. Se fue a la plaza Mayor de la ciudad, en donde se iban a construir. La plaza estaba a rebosar, llena de bullicio y de colorido. Se podían distinguir las distintas *colles*. De pronto, de entre todo el barullo, se formó en un determinado punto un gran círculo. Todos los que lo formaban llevaban camisas de color azul oscuro con el emblema de su *colla* en el pecho y la bandera de Cataluña anudada al cuello. Se arrimaron unos a otros, los pechos contra las espaldas; los brazos estirados hacia arriba y hacia el centro, de manera que se agarraban respectivamente de las muñecas o del codo. De inmediato, otras personas treparon sobre este círculo inferior, colocándose, inclinados hacia el centro, sobre los hombros y cabezas de sus compañeros. Cada vez se iban añadiendo más, de manera que enseguida se formaron un segundo y un tercer nivel. Entonces empezó a sonar la música. *Gralles* y *timbals*. Su tono estridente y vibrante casi sobrepasaba al de los vítores de la gente. Círculos de ocho personas se acoplaban unos sobre los otros haciendo un enorme esfuerzo muscular y de concentración para mantener el equilibrio. Pero efímero, el *castell* ya se había vuelto a desmontar.

La imagen de los *castells* puede llegar a transmitir una intensa emoción.

Aquel día, los *castells* alcanzaron una altura de diez pisos, el récord hasta la fecha. Las últimas investigaciones apuntan a que es posible llegar a los once pisos. Aunque en tal caso sería necesario montar el *castell* y desmontarlo de inmediato para evitar el daño que un derrumbe desde esa altura causaría con toda seguridad a la gente de debajo.

Montar el *castell* es un asunto delicado. Porque tiembla y vibra por entero mientras los *castellers,* uno tras otro, trepan por la espalda de los que ya están posicionados. Para ello se anclan con los pies detrás de las rodillas de un compañero, se apoyan en su *faixa* y, con un poco de impulso, se encaraman a sus hombros. Entonces, se yerguen y se ponen de pie, ya libres. Los *castellers* de cada piso se agarran fuertemente a la compacta tela de la camisa de sus vecinos de al lado. En cada piso se pueden colocar entre dos y nueve *castellers*. Aunque también hay *castells* denominados *pilars*, porque en ellos siempre hay uno solo *casteller* sobre la espalda de otro.

La subida se anima con las voces del público, con la música, así como con las indicaciones del jefe o de la jefa de *colla*. En ocasiones, la cosa se tambalea peligrosamente y se escuchan muchos «¡oh!» y «¡ah!» del público. Y a veces el *castell* tiembla tanto, que parece que se va a desplomar de inmediato sobre sí mismo.

En cuanto el niño que alcanza la cúspide levanta el brazo, se escuchan los vítores que inician y acompañan su desmontaje. Hay aplausos y exclamaciones de «¡bravo!» Y entonces, con el último tono de la música, los *castellers* se unen al júbilo y celebran saltando y bailando. Entonces, se canta el «himno» de la *colla* y el *castell* se disuelve en el mar de colores de las demás *collas*. Es una imagen maravillosa: miles de personas reunidas para celebrar una vieja tradición.

En cuanto Jordi escuchó la música, esta le pareció maravillosa. Es la que precede a las *colles,* cuando entran en la plaza. Se la oye desde lejos en las callejuelas. Los tonos agudos de las gralles retumban de camino a la plaza, acompañados de los golpes rápidos de los *timbals*. Son viejos instrumentos musicales. Instrumentos musicales tradicionales. Muchas *colles*, si se puede, los utilizan en su forma histórica. Lo que tocan es siempre lo mismo y la música es sencilla, repetitiva, creando el ritmo para el montaje y desmontaje del *castell*, de manera que van cambiando de melodía para marcar cada punto de evolución: la estabilización de los primeros pisos, la culminación y, finalmente, el instante que marca la involución. Así, con una única nota acentuada, se ordena la descomposición del *castell*.

Estas pequeñas orquestas tienen principalmente dos piezas en su repertorio y, por supuesto, también el himno catalán: «*Els segadors*» que se canta repetidamente en los encuentros, lo que envuelve aún más a los *castellers* en la tradición catalana y lo que une a las diferentes *colles* entre sí

Un día, estando Jordi con Sara en Villafranca, Matías lo empujó al gran círculo que los *xiquets* ya habían formado. Pareció que se lo habían apropiado. Y ahí estaba ahora, pegado a la gente, estrechamente conectado a los demás. Adoraba esta sensación de comunidad, este espíritu de unidad, de protección y de confianza mutua. Estar ahí de pie cuesta. Con todas sus fuerzas empujó su pecho contra el hombre que tenía delante y que le pedía aún más presión. Al mismo tiempo, a él lo empujaban desde detrás. Al sol, Jordi empezó a sudar enseguida. La gente a su alrededor le lanzaba recomendaciones de cómo podría mejorar su postura. A la postre, todos se habían abrazado todos. El sudor les bañaba las caras. A Jordi le gusta esta inmediatez que no rehúye el contacto. Por supuesto que a veces también puede asustar la estrechez de la base del *castell*, de la *pinya*, pero Jordi dice que se acaba acostumbrando uno. Lo ve como una meditación: va cerrando los ojos a intervalos, controla la respiración y se concentra en el ritmo del *castell*.

Jordi se quita su ligero polo y coje una de las gruesas camisas a rayas. Se la abotona casi hasta el pecho. Se cambia de pantalón y a continuación se vuelve a calzar sus *espardenyes*. Los bajos de la camisa se los arremete por dentro del pantalón.

Está claro que todavía tiene algo de tiempo hasta que empiece el ensayo, porque hasta el momento solo están Eric y él. Su mirada se dirige a Eric y a los folios pegados a la pared. 4d9f. Este sí que es difícil. Nueve pisos de un cuadrado sobre otro, cada uno compuesto por cuatro *castellers*. Es el que quieren mostrar en la fiesta mayor. En el entrenamiento lo han ensayado una y otra vez y ha funcionado bien, pero en varias ocasiones han tenido que desmontarlo a la mitad. Otras veces, se les había desplazado, no estaba lo suficientemente recto, o algún casteller no se atrevía a seguir trepando. Nueve pisos hay que planearlos muy bien. Los primeros pisos, sobre todo, tienen que asegurar la estabilidad. La *pinya* tiene que ser opaca. Al fin y al cabo, es la que estabiliza a los *castellers* del medio, así como a la segunda fila, y tiene, además, que mantener el equilibrio de todo el *castell*. Pero también constituye una superficie de rodada para el caso de que la torre sí llegara a desplomarse. Para poder absorber y repartir mejor la fuerza, el 4d9f tiene incluso una segunda *pinya* más pequeña como primer piso o nivel, la *folre*.

«De momento, —piensa Jordi— el 4d9f lo que es, es un sentimiento de máxima intensidad». Ahora mismo, los *xiquets* no pueden hacer más. Si se quisiera analizar esto, se podría llegar a la conclusión de que para hacer los *castells* más altos harían falta más personas y más constancia en los entrenamientos. Quizás lo que falte en estos momentos sean esas personas individuales que transmiten valor, fuerza y resistencia y que, al parecer, ahora no están. También hay voces que dicen que el *cap de colla*, es decir, quien organiza los entrenamientos y decide qué *castells* mostrar, es demasiado conservador. El *cap de colla* es quien determina, en coordinación con un par más de responsables, la forma y la altura de los *castells*, quien establece el orden y la duración de los ensayos y quien mantiene unido al grupo (también emocionalmente). También decide qué papel desempeña cada *casteller*. A Jordi esta crítica no le parece pertinente. Considera que Alfonso (como se llama su *cap*) actúa con mucha mesura y que irradia tranquilidad y prudencia a la vez que jamás elude su responsabilidad. Alfonso conoce su *colla* a fondo, de manera que puede evaluar perfectamente su carácter. Además, percibe muy bien el ambiente en general, pero también las sensibilidades individuales. Es fantástico vivir la forma tan estrecha que tienen de trabajar juntos los diferentes grupos de edades, o la de coordinarse entre sí, así como el respeto con el que se tratan unos a otros. Pero no es nada fácil formar un grupo así. Aquí no estamos hablando de deportistas profesionales. Hablamos de un enorme esfuerzo físico y expresivo, sostenido por esperanzas y deseos; hablamos del amor al deporte, de la voluntad colectiva, de las amistades y de las dinámicas familiares; hablamos de entrega, así como de inclusión, de ideales y de perspectivas de desarrollo. De manera que esto no siempre ni para todos se queda en hobby o actividad secundaria. Los *castells* son la expresión de su ser y de su obrar. Lo fantástico es que esto no permite el egocentrismo. Los *castells* son comunidad. Y lo que Jordi quiere es sentir esta comunidad. Esto lo empuja una y otra vez a llegar al límite, a darlo todo.

Por eso, para él no significa nada que sean otras *colles* las que normalmente construyan *castells* más grandes.

No hace mucho que se celebró en Tarragona el «*concurs de castells*» que se convoca bianualmente. Es el principal certamen para los *castells*. En él, las *colles* llegan a sus límites absolutos. Pero este año muchas se derrumbaron. El ambiente se ensombreció. Las caras de los *castellers* denotaban preocupación. Sufrían tirones musculares. Había en la *pinya* gente externa que había sido llamada para ayudar en el *concurs*, pero que carecía de la más mínima experiencia y que, sin embargo, igualmente arriesgaba su salud. En estas ocasiones, las *colles* no se ayudan entre sí como en otros encuentros.

A pesar de ello, a Jordi le parece bonito que se junten tantas personas para celebrar el deporte y mostrar lo que son capaces de hacer. Que se les puntúe por ello no le parece que tenga mucho sentido. Al fin y al cabo, las condiciones de partida no están estandarizadas, en cambio, la vara de medir sí que es igual para todos.

Precisamente por eso, Jordi le dio la espalda al fútbol a pesar de ser un gran jugador. Tanto en el fútbol como en otros «grandes» deportes (baloncesto, fútbol, tenis, fútbol americano, béisbol…) se hace visible un sistema retributivo totalmente desregulado. Al no haber ninguna norma fija, se ha llegado a un verdadero descontrol disparatado de los recursos financieros. Esto, por su parte, les ha robado a las disciplinas deportivas su encanto y sentido. Las estrellas profesionales se han alejado tanto de los demás deportistas, que se ha abierto un abismo imposible de solventar para la mayoría de estos. Además, los deportistas siguen a las corrientes del dinero. Y tampoco estas están sometidas a ninguna norma o sistema de valores que no sea el valor añadido. Así, los atletas se vuelven productos de inversión. Productos, en definitiva, sin arraigo local ni identificación con determinados valores, sin ideales ni ataduras a nada en general. Su mirada se dirige siempre hacia arriba.

Jordi aún juega al fútbol en un club local. Y hay gente que le reprocha falta de ambición, estar paralizado por el miedo. Incluso le han acusado de no tener amor propio. Ahora se alegra de entrar en una edad, en la que se van acallando esas voces.

Por el contrario, Sara, la mujer de Jordi, estuvo mucho tiempo en un equipo ciclista de élite. Ha llegado a rodar en equipos con estrellas como Judith Arndt, Trixie Worrack o también Kristina Vogel. Para llegar hasta allí, Sara mandó a paseo su formación escolar. Acudía al centro de entrenamiento mañana y tarde. Acumuló kilómetro a kilómetro de carretera. Siempre al límite. Llegó a estar tan cansada, que se dormía en clase. Sobre todo, cuando en el centro había sesiones de alto rendimiento. Empezó a cosechar éxitos y a ganar carreras en otras ciudades. Los premios ganadores no eran de gran cuantía, al menos no lo suficiente como para ganarse la vida con ello. Luego, además, fue fichada por el equipo juvenil nacional. Pero pilló un verdadero año negro. Primero arrastró una gripe que no se acababa nunca. Luego el equipo empezó a no entenderse. La presión competitiva era demasiado fuerte. Sara, siempre discreta y tranquila, intentó mantenerse al margen, pero resultaba difícil. Iban a celebrarse los campeonatos, y el equipo rodaba arrastrado por los demás. Con el paso del tiempo, algunas de las ciclistas a su alrededor se incorporaron poco a poco al ámbito profesional y obtuvieron contratos más o menos lucrativos. También Sara fue invitada a participar en lo que los clubs denominan entrenamiento de prueba. Pero se invitaba a toda una ristra de ciclistas, de manera que también ahí surgieron desavenencias. Las plazas en el ámbito profesional del ciclismo femenino están muy limitadas. Solo las absolutamente mejores tienen oportunidades de ganar lo suficiente. Sara fue rechazada una y otra vez. Le decían que su cuerpo no era el adecuado para llegar aún más lejos, que sus piernas eran demasiado cortas, su pecho demasiado grande. Finalmente la admitió un equipo de segunda. Tuvo que seguir compaginando los ingresos obtenidos por pequeños patrocinios y alguna que otra victoria con la ayuda que aceptaba de sus padres. No podía permitirse una vivienda propia. Siguió rodando, sumando a los kilómetros de carrera diez veces más en kilómetros de entrenamiento. A los treinta y cinco años aún podía mantener su nivel de rendimiento, pero no así, ni de lejos, el de velocidad. Cada vez más a menudo no se la tenía en cuenta para las competiciones más importantes. Y así un día, ante la posibilidad de estar embarazada, colgó casi sin llamar la atención las zapatillas. Aún monta mucho en bicicleta, pero no a nivel de alto rendimiento.

A Sara le encanta leer libros sobre deportistas profesionales, sobre todo los que tratan de las estrellas del ciclismo, pero también los dedicados a los ultramaratonistas. Ella misma estuvo cerca de estar allí. Entrenaba como los deportistas profesionales, se alimentaba como ellos. Y su agenda semanal estaba organizada como la de una deportista profesional. Los relatos, mayoritariamente escritos en estilo autobiográfico, son como novelas sobre un mundo fantástico. Siente lejanos a los atletas, aunque a algunos llegó a conocerlos personalmente.

Cuando Jordi descubrió para sí los *castells,* enseguida logró convencer a Sara para que también ella probara la experiencia. Los dos siguen en ello. Los *castells* les aportan todo lo que habían esperado del deporte. Les motiva a seguir trabajando el físico, pero también la actitud mental.

Ahora entra Alfonso. Antes de acercarse a Eric y al portátil para coordinar los últimos detalles, abraza a Jordi con fuerza. Se han vuelto muy buenos amigos, comparten su pasión por el fútbol, pero también su afición al rock duro y, por supuesto, a los *xiquets.*

Mariella y Montserrat llegan juntas. Entran saludando a voces y se van a una esquina alejada de Jordi para charlar entre ellas. Cuatro niños que han llegado junto con Alfonso, Oriol, Jaume, Olga y Mercè, trepan sobre los ligeros andamios. Después llevarán casco y protectores dentales. De momento, trepan sin.

Jordi mira el reloj. Quedan diez minutos hasta el comienzo del ensayo. Cada vez entra más gente en la sala que se saluda con un sonoro «hola», con palmadas en los hombros, abrazos, besos en las mejillas y con charlas más o menos largas. Hoy han venido muchos —esperemos que todos. Se trata de un ensayo de enorme importancia.

Los presentes se preparan. Muchos aún se están cambiando. Se ponen las mismas camisas gruesas y pantalones blancos que Jordi. Algunos se atan el *mocador* al cuello, otros a la muñeca, otros, por su parte, se lo ponen a lo «gorro pirata». La *faixa* se la atan todos los participantes por parejas. Mientras que uno tira fuerte de un extremo, el otro va girando sobre su eje hasta que la tira de tela queda bien ajustada a su talle. Los niños solo se ponen las camisas con el escudo de la *colla*.

Jordi recibe el saludo de muchas de sus amistades. Los niños le rozan las piernas. Se arremanga hasta los codos y se toma su tiempo para enrollar bien ambas mangas hasta la misma altura. Levanta el cuello de la camisa.

Se ata su *mocador* a la muñeca. El nudo lo cierra con los dientes.

El extremo de su larga *faixa* se lo pinza al cinturón. Le entrega a Fermín el royo suelto y este lo desenrolla y estira tensándolo. Ahora ya hay muchas cintas de tela estiradas a lo largo y ancho de la sala. Con unos gestos enérgicos, Jordi se gira en su *faixa*. Fermín le opone todas sus fuerzas. El último tramo Jordi se lo remete bien dentro de la faja. Hablan del fin de semana siguiente, en el que se celebrarán dos *diades*. Entre ellas la denominada fiesta de la ciudad, la *Festa Major*. Es un encuentro importante. Por primera vez van a presentar al público su 4d9f.

Fermín ya tiene sesenta y tres años. Hace mucho tiempo que es miembro de la *colla* y tiene más de una historia que contar. También ejerce de consejero y de punto de contacto para los nuevos.

Antes formaba parte de la base en los niveles inferiores, también de los *castells* más altos, pero su espalda ya no puede más. En la actualidad contribuye a estabilizar la *pinya* lo mejor que puede. Le gusta contar acerca de la cúspide de su «carrera», ya que participó en el «*concurs de castells*» de Tarragona en 1982. Estuvo en el segundo nivel de un 3d8f. Con este *castell* ganaron entonces el cuarto puesto. En aquél entonces, le sorprendieron con el puesto asignado y no estaba muy seguro de poder aguantarlo. ¡Y luego resultó todo un éxito!

La familia de Fermín al completo forma parte de la *colla* desde hace generaciones ya, por lo que con sus álbumes de fotos se puede contar toda la historia de esta.

Su mujer Belén es hoy la presidenta. Y a la vez es la encargada del *merchandising*. Su hermana Claudia es la tesorera. Y su anciano padre es algo así como el alma buena de la *colla*. Está en todos los ensayos, siempre con el uniforme de los castellers y con *faixa*. Aún participa en la *pinya*, aunque actualmente de una manera casi del todo pasiva. Sus hijos Pol y Miquel tocan juntos en la pequeña orquesta vinculada a la *colla*, mientras que su hija casi siempre está en el tercer o cuarto piso del *castell*.

Para Fermín, los *castells* son una forma de expresión. Adora la cohesión, confianza, compenetración y consideración entre sus miembros, además de la participación incondicional y exigencia deportiva. A lo largo de los años la colla ha hecho grandes progresos. Cuenta que los *castells* ahora son más altos y grandes que cuando empezó.

Le gusta hablar de los *castells* como de un deporte dotado de un espíritu de unidad que congrega a todas las personas. Para ellos, la edad no importa, tampoco el origen, el sexo, la constitución física, las medidas corporales o la religión, pero tampoco la capacidad de rendimiento, la inteligencia u otros aspectos similares. Todos pueden participar o asumir un papel importante. El factor decisivo para construir con éxito un *castell* es la estrecha vinculación y participación de cada uno de sus miembros.

Entre las *colles* surgen de vez en cuando pequeñas rivalidades, pero al final, como dice Fermín, esto no cuenta realmente. A tal respecto, le gusta recordar que fue invitado por sus amistades a participar en otra *colla* que intentaba batir un récord. Al final, gracias a la ayuda de todas las fuerzas posibles, lograron levantar y desmontar el *castell*. Y después, por supuesto, la celebración no se quedó corta.

Por fin este año se han celebrado de nuevo un *concurs* y muchas *diades*, después del parón de dos años que la pandemia impuso a los *castells*. Es como si hubiera habido un batacazo cultural. Para muchos de los participantes su deporte es un importante pilar. Porque los *castells* son, además, una parte esencial de las fiestas populares catalanas. De hecho, son catalanas al cien por cien. Hoy día también hay *colles* foráneas, que, por ejemplo, se presentaron en octubre de 2022 en Tarragona. Pero está claro que son visiblemente más pequeñas y que, naturalmente, no tienen una historia tan larga como las *colles* catalanas.

Marisol se acerca a Jordi sonriendo encantada. Se abrazan con fuerza.

—*Wow, un cuatre de nou amb folre.*

—Si. ¿Fuerte, verdad?

—Pero el martes nos salió bien.

—Hmhm. ¿Dónde estás tú?

—Yo cuarto en el cuarto piso. Debajo mío está Aitor. Me gusta así, porque me da instrucciones claras y también sabe escuchar muy bien. ¿Y tú?

—Aún no lo sé. Pero voy a estar seguro en la *pinya*. Pero aún no se han terminado de cargar los planos.

Jordi abre la *aplicación* en su móvil. Cuando se haya cargado el plano de la *pinya*, será posible leer la lista de nombres según un estricto orden, continuo y compacto en torno a los portadores internos. Hay largas filas que sirven de apoyo a sus espaldas, y, entre medias, otras más haciendo cuña.

Fermín y Jordi miran juntos el móvil. Ahora, Jordi ya puede hacer el llamamiento para la primera *pinya* de la tarde. Su nombre

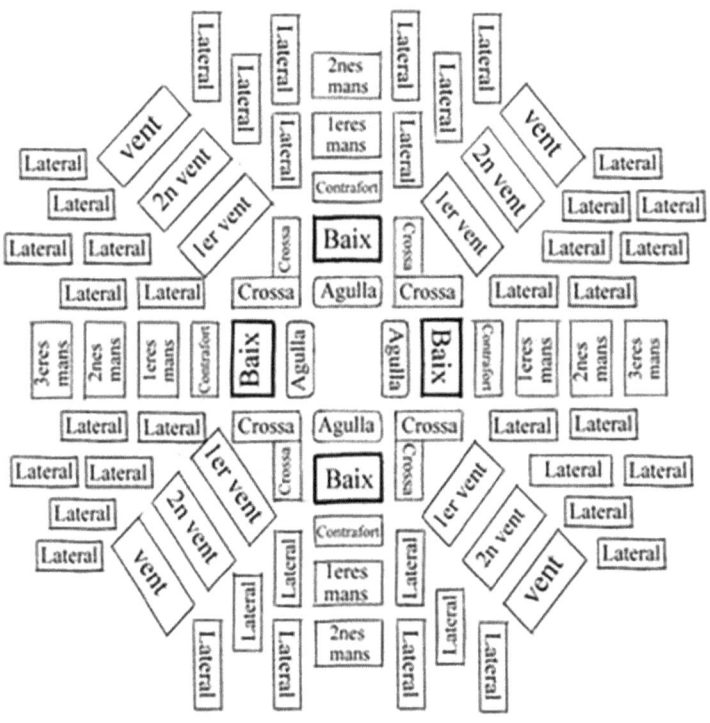

Castells: L'estructura del quatre.

Fuente: https://www.geocaching.com/geocache/GC842CT_monument-als-castellers?guid=0066d5fa-6914-406f-bbd8-742da66460b5 (17/10/2022; 14:43)

está puesto en rojo. Va a estar entre Raúl y Marissa apoyando lateralmente la *pinya*. Fermín encuentra su nombre en la composición de la *folre*. A su derecha estará Jasmin, a su izquierda, François. Detrás de él, Nuria formará una pequeña escalera.

Ambos se abrazan fuerte de nuevo y, a continuación, Jordi busca lentamente su sitio en la sala, así como a sus dos vecinos. Fermín, por el contrario, se coloca inicialmente un poco en la retaguardia y espera hasta que el círculo interior y la pinya se hayan formado.

Aún hay un inmenso jaleo en la sala. Los *castellers* buscan sus posiciones, se reúnen en pequeños grupos y comienzan a colocarse ordenadamente. El espacio se llena del sonido de mucho toqueteo. Desde este telón de fondo sonoro surgen voces individuales de mando que van colocando ordenadamente a los *castellers*. La sincronización es importante y difícil. Las piezas del puzle tienen que encajar perfectamente, pero en una estructura que se tambalea, se mueve y respira. Algunas de sus partes son especialmente sensibles. Pero la base se coloca, naturalmente, en primer lugar. Hoy está compuesta por Pere, Catalan, Salazar y Gerard.

Al fondo se preparan los músicos. Muchos de ellos tienen *gralles* y *timbals*. Se les oye afinar. Los *timbalers* tocan suavemente la membrana.

Hemos dicho, pues, que en el centro se colocan Pere, Catalan, Salazar y Gerard. Se animan mutuamente en voz alta. Se agarran con fuerza a los hombros. Anclándose literalmente en la camisa del respectivo vecino a derecha y a izquierda.

La *pinya* se va formando, opaca, cuanto más densa, mejor. Las voces dan órdenes, recomendaciones y buscan soluciones a los espacios que aún quedan por cubrir. A cada paso le acompaña una orden. Ahora, los siguientes *castellers* se suben al primer piso. Desde abajo largos brazos les sostienen por el trasero y las caderas. Detrás de ellos se forma la *folre* que les refuerza la espalda. Con gran agilidad se suben ahora los demás a la *pinya*. Mientras que al principio el *castell* está formado por personas fuertes y pesadas, ahora trepan muchos jóvenes y *castellers* más ligeros. Al final les toca a los niños. Son los que finalmente forman la cúspide.

Los pisos se forman bastante rápido al encaramarse los *castellers* hacia el centro primero sobre las espaldas y después sobre los hombros de los demás. Se tambalea. De manera preocupante, a veces. Se escuchan algunas voces que piden más sujeción, hacen pequeñas correcciones o que transmiten fuerza. Las caras están contraídas de esfuerzo. En la *pinya,* los *castellers* pegan los pechos a las espaldas, apoyando casi todos confiadamente la cabeza sobre el hombro del hombre o de la mujer de delante. A menudo con los ojos cerrados. Se gritan órdenes para que cada piso empiece su ascenso a la vez. El equilibrio es delicado.

Ya está colocado el tercer piso. Se levantan los pulgares. Ahora empieza a tocar la orquesta. En cuanto el *castell* está asegurado, siempre repiten la misma melodía: *toc de castells.* En un concurso, este sería el momento, en el que se comienzan a sumar los puntos que determinarán la *colla* ganadora.

Tanya se sube a su puesto en el cuarto piso. Directamente, pisándole los talones, le siguen los siguientes. Un *castell* se tiene que mover siempre en el límite entre la rapidez y el equilibrio. Ya hay tres personas más sobre los hombros de Tanya. Detrás de ella trepan los niños que culminarán el *castell*. Debajo de ella, Sebastián tiembla y le indica con un leve gesto que cambie los pies de posición.

El antepenúltimo piso, *los dosos,* ya está en pie. Ahora solo faltan el *aixecador* y la *enxaneta.*

Los músculos de Tanya tiemblan intensamente. Sobre su espalda trepa Mateo. Frente a ella, Isidro, Manuel y Marisol la animan a que aguante y se agarran aún más fuerte a la tela de su camisa. Saben que

Tanya resistirá. Si al principio duele, esto significa: ¡Resiste! Esto es más válido, cuanto más abajo se está. Cambiar la posición propia lo desestabiliza todo. Tanya deja escapar entre los dientes un fuerte bufido. Cierra los ojos dolorida. Sus brazos tiemblan. Siente cómo le abandonan las fuerzas. Las manos de sus vecinos se agarran aún más fuerte a su camisa. Isidro le habla calmadamente, intenta distraerla del dolor, animarla. «Tenía que haberme saltado el entrenamiento de natación de ayer», piensa ahora Tanya. Su cuerpo parece cansado, extenuado. El *castell* tiembla.

Olga, la *enxaneta*, ha llegado a la altura de los *dosos,* su pie se resbala en la *faixa* de Ana. Pero consigue agarrarse bien a los hombros. Entonces mira a Alfonso abajo del todo. Este le lanza un grito de ánimo. Otras voces se unen para ayudar a animarla. Mira hacia arriba, luego otra vez abajo.

«¡Sin problema!, — le grita Alfonso — ¡baja!».

El miedo de Olga se podía tocar con los dedos. No tenía sentido animarla a seguir trepando. A continuación, se inicia el descenso lo más suavemente posible. Los de los pisos superiores se deslizan sobre los inferiores como si estos fueran barras de bomberos. Ahora el *castell* tiembla visiblemente. Todavía están en pie cuatro pisos, cuando a alguien se le doblan las rodillas. Los restantes castellers se desmoronan caóticamente unos sobre otros. Se escucha algún que otro grito de dolor. Afortunadamente, los niños ya estaban en tierra. Lentamente, ahora los *castelleres* tienen que «desanudarse». La *pinya* se mantiene firmemente unida hasta que todos hayan bajado. Entonces también sus miembros se desacoplan. No hay ningún herido. Tan solo se reparte algo de hielo para los que han recibido algún golpe.

A Jordi le han pisado una oreja y se aplica algo de hielo en la zona. No duele demasiado, pero no quiere que se hinche.

Alfonso se sube a un baúl tras comprobar que todos están bien:

—Ha estado OK. A veces mejor desmontar que arriesgar. Ha estado OK. La próxima vez lo consigues, Olga, ¡seguro! ¡Tú puedes! ¡A por ello todos! ¡Estamos preparados! A veces uno se cae y ya está. —La *colla* aplaude—. Vamos a hacer una pequeña pausa y lo intentamos de nuevo. ¡Lo vamos a lograr! ¡Y mucho más el sábado! ¡Todos juntos! *Xiquets*, ¡estamos preparados! —Y estalla el júbilo.

Elegancia
Toda forma de preponderancia es dañina para la elegancia

¿Es la elegancia maestría?

Gracia, garbo.

Lo que sería un error es asociarla a la «proporción». La elegancia no se puede medir. Tampoco sería correcto hablar de «encanto». El término resulta demasiado almibarado y sobrepasado.

La elegancia se entiende como la forma perfecta de una realización. Pero yo pienso que la elegancia ya es en sí misma perfecta.

La elegancia es suave, flexible, melódica y delicada. (Como la pantera de la segunda estrofa de Rilke. Con tan solo unas pocas palabras, el poeta traspasa el umbral de la elegancia imaginativa, cuando describe el desnortado movimiento de la pantera enjaulada). La elegancia se muestra en los movimientos que han encontrado su centro. Pero no hay que buscar ese centro en el agente o en determinados aspectos de su acción, pues lo que es, es una confluencia, un punto nodal, compuesto de movimiento, intención, concentración, entrenamiento, reflexión, inmersión y una pasión al límite de la obsesión (véase el ensayo sobre la dedicación). Es una culminación que lo abarca todo y que se convierte en la cúspide de toda composición armónica. Dejémonos llevar por ella, sintamos la encantadora plenitud que le es inherente. La elegancia supera con creces el movimiento presente, aunque solo exista en el aquí y ahora. Por eso es lenta (véase el ensayo sobre la lentitud). El juego confluyente de la elegancia se expresa en su ligereza, quizás también en su forma tan especial de ser impecable, serena y libre.

A menudo se la asocia a los movimientos redondos, líquidos y gráciles. Pero la elegancia también puede habitar en el ángulo. O también, precisamente, en la controversia.

Esto lo podemos percibir en la relación que tenemos con las artes marciales y su manera de expresarla. Por eso mismo se las llama «artes». Un boxeador, por ejemplo, es elegante, cuando golpea con una combinación de movimientos ultraprecisos que surgen de una posición fluida. Ahí se expresa una dicotomía: explosividad relajada. Se podría decir, que en esas combinaciones todo encaja. (En la película de Kerouac *On the road* esto se expresa en el éxtasis del «Él lo tiene».) En esto, el boxeo se parece a otras artes como la música, las artes plásticas, etc. *Timing*, coordinación física, unidad, rapidez, ritmo, emoción, entrega al público, adaptación a las circunstancias, contexto histórico. Aquí tenemos el ímpetu expresado en el «*Float like a butterfly, sting like a bee*» de Muhammed Ali. Aquí se muestra la comprensión de una manera de interpretar el mundo y de esta situación en particular.

El golpe de boxeo, desligado de su contexto deportivo, es un acto de brutalidad y crudeza.

Lo que lo relaciona con el arte es el elemento de danza que le es inherente. En la capoeira, el aikido, el kung-fu y otras artes marciales, esto resulta aún más visible que en el boxeo, debido a que estas disciplinas ya cuentan con momentos coreografiados. A la capoeira incluso se la denomina como una forma de lucha bailada. Aunque en el boxeo se trata precisamente de sacar al contrincante de su ritmo, el equilibrio igualado de los púgiles enfrentados al golpearse, esquivarse y moverse rítmicamente puede llegar a ser elegante. A las boxeadoras que alcanzan este punto generalmente se les atribuye una gran maestría (Jun'ichiro Tanizaki: *Elogio de la maestría)*. Por eso, resultan más elegantes los contrincantes que están igualados en la competición. Cualquier forma de preponderancia es dañina para la elegancia.

La elegancia está libre de toda jerarquía. Por consiguiente, la maestría, si quiere ser elegante, ha de ser horizontal.

No es la práctica de algo la que lo lleva a la elegancia, sino solo su ejecución maestra. En ella se hace perceptible la confluencia en un mismo punto de horas y horas de modestia, investigación, experimentación y sabiduría acumulada. Por eso brilla tanto un solo musical. El guitarrista aparece en unión con su guitarra. En unión con su instrumento. Los tonos fluyen. Los movimientos también. Lo más difícil parece fácil. Solo una pasión obsesiva puede alcanzar este estatus.

Holger ha hecho una maestría de la búsqueda como tal. Se opondrá a la palabra «maestría», aunque esté escrita con mucho amor. No le gusta lo definitivo e institucional inherente a ella. Y es precisamente ahí, donde se desarrolla la divergencia de su esencia de artista, que, a su vez, provoca y potencia su búsqueda y su espíritu explorador. Quizás le guste la imagen de una maestría horizontal.

A Holger le es propio introducirse en nuevos espacios, lugares, ambientes, tonalidades etc. Los comprende, entra y se disuelve en ellos y se conecta con ellos para desconectarse después. Le da respeto caer en patrones. Asociado a ello está su miedo a las formas viles, degradadas y desgastadas. Para él, todo encuentro ha de ser nuevo, aunque se nota el bagaje intelectual que tiene en inventiva y en conocimiento polifacético sobre el movimiento, el sonido y el ritmo. Tanto es así, que se puede percibir con todos los sentidos.

Cuando parece que a Holger lo que se le estimula principalmente son los oídos, lo que él se exige a sí mismo y a los demás es una inmersión completa. Los propios tonos se disuelven en un contexto más amplio. Aquí entra en juego la elegancia. Y yo me siento feliz y realizado por permitirme estar directamente involucrado en el proceso de búsqueda. Los movimientos de Holger en territorios «inexplorados» también tienen la expresividad de la danza. Cuando se encuentra con algo o con alguien, está presente del todo, en sentido literal de la palabra. Es como si el movimiento de sus ojos estuviera coordinado con la posición de los dedos de sus pies. Y este es también su ideal. Mientras que en el boxeo que hemos mencionado se trata de una cadena de movimientos, en Holger es una simultaneidad. Ya es propiamente un tono el movimiento del codo, cuando coge impulso para golpear la membrana. Para ello, es de suma importancia, cómo la totalidad del cuerpo se relaciona con el tono. Y, por supuesto, en el tono del momento hay que contar con el tono inmediatamente precedente, sea de la naturaleza que sea, así como con muchos componentes más que se mencionan. Para Holger no existe lo secundario. Al final, lo que hay que hacer es verle y sentirle tocar. Solo así es posible entender también lo percusivo de su arte, puesto que es parte de una danza de búsqueda (https://www.youtube.com/watch?v=jTAOqdA3gPU; 25.11.2021, 15:13)

El ideal de Holger es el ideal de todo arte: ni los artistas ni los observadores —ni tan siquiera los espacios— deben ser los mismos de antes después de una *performance*. De ahí el título *El espacio transformador* (https:// holger-maik-mertin.com/ de/projekte/reihen/) Y por supuesto que es posible percibir denuncia y crítica en una *performance*. Ser uno no significa estar de acuerdo.

No hay que entender el arte de Holger desde lo realizado; lo que él quiere es absorber los espacios y disolverse en ellos. Él juega tanto con el espacio como, viceversa, el espacio con él.

Así, por ejemplo, el rotor de un molino de viento lo parte en dos; la maquinaria militar de la base aérea de Nörvenich le vuelve hostil, desesperado, salvaje; el follaje caído le transporta a la infancia, las iglesias lo empequeñecen o engrandecen. Y toda persona presente forma parte del espacio.

Es posible que esta sea la razón, por la cual el experimento en la naturaleza de nuestros paseos resonantes fuera un reto. De pronto, ya no tratábamos con espacios cerrados y limitados; estos ya no estaban preparados. Los objetos creativos aparecían más bien casualmente. Y luego, la falta de los instrumentos en forma de baqueta, a los que nos habíamos aferrado durante mucho tiempo y a los que yo, al contrario que Holger, aún me aferro.

El encuentro con la naturaleza era mayor, más intenso y más experimental que interpretar espacios «prefabricados». Porque se trata también de la inmersión en lo vivo de la naturaleza.

La actitud de Holger, si bien no permaneció inalterada, siguió marcada por la misma intención. La mayoría de las veces merodeábamos por ahí sin rumbo fijo y charlábamos. La diversidad de los temas de los que hablábamos se corresponde aproximadamente a los de nuestros ensayos. Me gusta repetirme, cuando digo que a Holger se le nota en todo el cuerpo la reacción a lo dicho. A veces, tan solo son matices. Su actitud siempre es reverencial y, en cierto sentido, suave. Incluso en sus enfados o rechazos se percibe la vibración del amor en tanto que sentimiento de participación. De esta manera, los encuentros con él en sí mismos se convierten en una *performance*: una recopilación de tiempo, ritmo, melodía y movimiento.

Entonces, puede ocurrir que Holger se «apodere» de alguno de esos espacios que están acotados casi exclusivamente por su encanto. Se acerca, por ejemplo, a la rama caída de un árbol. A la par que la focalización, se lleva a cabo una apertura (esto lo pudimos comprobar de manera destacada en un curso de caligrafía, en el que practicamos caracteres chinos en gran formato. Holger dibujó «aquí», yo «agua»). Por eso, para mí las *performances* más bonitas eran aquellas fuera de cámara. Eran únicas en el más verdadero sentido de la palabra. La cámara está demasiado focalizada.

Además, la danza con el espacio jamás tiene algo de lucha, sino que es algo lleno de amor a la conexión (quizás esta sea la razón de su predilección por los lugares mórbidos). Tampoco actúa como un investigador, agazapado siempre al otro lado del microscopio, sino que es, a la vez, investigador, objeto investigado y microscopio. Su postura corporal es tan estable como translúcida. Esto no significa, que todo le parezca siempre fácil. Yo también pude ser testigo de su frustración, pena e impotencia. Entonces, Holger lucha, pero esa lucha ni quiere ni va a poder robarle elegancia a su *performance*.

Enseñar

Seguramente, este sea el ensayo más difícil para mí. He formado parte del sistema escolar alemán durante casi veinte años y me he tragado algún sapo que otro. En el colegio he creado —vivido— momentos maravillosos con las personas y puedo contar muchísimas historias divertidas y fantásticas. Conozco destinos personales emocionantes, tristes o alarmantes; historias con vueltas de tuerca inesperadas, *self-fulfilling prophecies* y la acumulación de expectativas. He conocido muchas formas de ser padre, madre, alumno o alumna, pero también de ser personal de limpieza o de conserjería (a cuyos integrantes se les denomina «personal ajeno a la enseñanza»). He vivido y recorrido muchas historias de rebeldía, voluntad reformadora, construcción de utopías, renovación intelectual, atrincheramiento, aislamiento, conformismo y seguidismo. Igual de colorido es el abanico de las emociones que me han acompañado durante estos veinte años y que, ahora que he abandonado el sistema escolar, reverberan en mi interior. Lo que siento es ira, vergüenza, alegría, desprendimiento, amor, frustración, orgullo, pusilanimidad y valentía.

Adoro ser profesor. Valoro mucho la convivencia, así como el trabajo en colaboración con la gente joven, los colegas y, a veces también, con los padres. Tanto más que me duele tener que marcharme. Añoro sobremanera el tiempo tan valioso de las conversaciones y los debates.

En comparación con ello, lo que tengo que escribir acerca de mi retirada —y un poco acerca de la de Holger— no puede sonar más que aburrido y manido. Y sin embargo, este ensayo es importante —yo diría que esencial— para nuestro libro.

Para aproximarme a lo que pienso sobre esta materia, lo primero que hice para preparar este ensayo fue elaborar una lista de obras literarias, científicas y cinematográficas que, a través de la figura del profesor o de la profesora, reflexionan sobre la relación que la sociedad mantiene con la formación. (Avergüenza tener que constatar, que el número de mujeres en mi lista es muy reducido). Quise escribir sobre Hesse, Michelle Pfeiffer en *Dangerous minds*, Musil, Robin Williams en su papel de John Keating, Montessori, Summerhill y Heinz Rühmann en el film *El empollón* (*Der Pauker*, en alemán). La verdad es que lo que probablemente sentí fue la necesidad de desvincular el tema de mi persona.

Hacía tiempo que no me fiaba de mi propio criterio acerca de la profesión de maestro y acerca del colegio como institución. Y tampoco resulta fácil tomar distancia de la rueda en la que estás metido y que gira a gran velocidad. Quizás, lo que buscaba en esas fuentes era algún tipo de vara de medir. Además, ser funcionario conlleva una serie de facilidades que te pueden adocenar. Por eso, primero me resultó difícil tomar conciencia de mis dudas y después tomármelas realmente en serio. Tenía la mejor profesión del mundo, una que me permitía practicar mis *hobbies* todos los días. Además, estaba rodeado a diario de gente joven y de muchas personas inteligentes, todas ellas expertas en su ámbito de conocimientos. En definitiva, un puesto de trabajo rebosante de energía y creatividad. Esto es algo que en ocasiones sí se llega a notar en los distintos proyectos y actividades extraescolares. Sin embargo, a pesar de la aparente apertura que ha experimentado la evolución de la educación escolar de los últimos años, hay un fundamento institucional invariable en ella que le da la espalda al alumnado.

Para mí, uno de los principales enigmas consistía en entender cómo el sistema escolar conseguía, en un periodo de cuatro años, desmotivar a la (inmensa) mayoría de los niños de su pasión por descubrir y aprender. Incluso más que desmotivarlos, predisponerlos en su contra. ¿A cuántos alumnos me he encontrado asustados y desilusionados?

Pero, ¿qué es lo que hace el colegio exactamente? El colegio fomenta un saber preseleccionado que determina lo «digno de ser conocido». Este saber, una vez determinado, se estandariza. Lo que puede ocurrir, es que se trate de un saber ajeno a la realidad vital, pero también al interés natural de cada alumno o alumna individual. Esto incluye también la separación del conocimiento universal en diferentes asignaturas. A iniciativa de los colegios se acaban relacionando de nuevo las asignaturas entre sí, pero la mayoría de las veces de manera superficial y ridícula, porque de lo que se trata casi siempre es de anclar en los programas educativos puntos de conexión entre las distintas asignaturas individuales. Mediante esta división de la sabiduría universal, se produce una segmentación del tiempo que desplaza e invisibiliza cada vez más una visión de las relaciones en su conjunto. Se devalúa así el conocimiento que el alumno o la alumna ha adquirido antes de ir al colegio, aquel que ha llenado sus días y que ha logrado con la ayuda de la emotividad más intensa de sus padres.

Además, entre las competencias que los niños traen de casa, sin lugar a duda hay que distinguir con claridad las útiles de las inútiles. Así, por ejemplo, lo importante son la disciplina, la concentración, el orden y la limpieza. En cambio, se minimizan, además del autoconocimiento, la actividad espontánea, la dedicación enérgica al entorno, el espíritu emprendedor, la voluntad exploradora, la calma, la reflexión y el comportamiento independiente.

Por consiguiente, cuando el alumno o la alumna, da su primer paso, ya está entrando en un esquema evaluativo, cuya misión consistirá en fomentar precisamente las primeras características. En cambio, las segundas se ignoran o incluso castigan. En caso de fracaso, la presión recae no solo sobre el alumno o la alumna, sino principalmente sobre los padres. «Lo que no aprende Paquito… ». Como esto es algo que los padres ya saben y como, por añadidura, la familia está sometida a un determinado nivel de presión competitiva, se comienza a sobrecargar el tiempo preescolar, al intentar los padres anticipar competencias escolares y reducir la distancia entre el ámbito privado y el sistema escolar. Pero, al hacerlo, a veces también pierden el sentido de la medida, algo que, por lo demás, puede ocurrir en seguida.

Al ingresar en el sistema escolar, la perspectiva del mundo cambia. Primero la de los padres y después la de los alumnos y alumnas que se dan cuenta de que les conviene adaptarse. El acceso al mundo ya no es experimental, no está lleno ni de incógnitas ni de maravillas ni de cosas por descubrir. Los niños se topan con un mundo que ya está terminado. Entonces se les sugiere que, para aprender a orientarse en él, les basta con seguir las instrucciones del acervo transmitido. Esta orientación se concibe por categorías de rendimiento. Pero los rendimientos ya solo son los que han sido colgados a la vara de medir escolar, la cual se corresponde precisamente con el canon de asignaturas, en el que queda apuntalada la visión de los padres.

La formación es irrelevante (véase Danger Dan: *Ingloria Victoria*). Solo así puede ser categorizado el conocimiento; estandarizado, cuantificado y sometido al criterio de la eficiencia para acabar siendo premiado con números estériles. Estos números preceden a las reacciones de los padres. O más bien solidifican (o «apuntalan», como acabamos de decir) el acceso intuitivo de los padres a sus hijos. Provocan la sensación de una competición que o se gana o se pierde, pero en la que también se puede dejar a alguien en la cuneta o en la que otros te pueden adelantar a ti y dejarte atrás.

Además, a los alumnos y alumnas debe parecerles que están sometidos a una evaluación constante, hasta del más leve de sus parpadeos. Se deben de sentir observados constantemente, pero también controlados. En consecuencia, se les obliga a caer en una red irrompible de exámenes, cuyo sentido, tanto desde un punto de vista cuantitativo como sistemático, casi ni se cuestiona y, menos aún, se considera abierto a reformas. Los exámenes sirven para clasificar a cada individuo y para mantenerlo sometido a un nivel de presión constantemente elevado. Los alumnos están casi siempre muertos de miedo.

También los profesores y las profesoras están hasta las narices. Justo por eso no reina en los colegios un espíritu reformador y no se desarrollan visiones de futuro.

Y por si fuera poco, se desborda al profesorado con unas tareas burocráticas que son una mierda y que se controlan más que la propia tarea principal, que es la de dar clase. Tal es así, que cada una de las posibles interacciones escolares está legalmente tasada.

Para mí, los colegios son un termómetro de las carencias de la sociedad. En la matriz formada por los colegios se percibe el criterio de prioridades de una sociedad. La pandemia ha hecho aflorar a la superficie esta realidad. Se notó claramente, que tanto los niños como su formación en general quedaron relegados por detrás de muchas otras cosas. En Alemania se prioriza ostentosamente a la industria del transporte. Y, por lo general, Alemania se ha convertido en un apático Estado administrativo.

Para poder responder a la pregunta de cómo tendría que ser entonces una escuela ideal, habría que tener cuidado de no caer en la misma trampa que ha diseñado nuestro actual sistema escolar, es decir, inventando una rígida estructura sistémica.

La respuesta debe ser: la escuela ha de estar al servicio de la formación del ser humano. Para ello tenemos que definir lo que la formación es. Los colegios, si es que los necesitamos, deben atenerse a esta idea.

Para mí, el ideal de la formación consiste en poder comprender cada situación de tal manera, que uno pueda formarse un criterio propio que le permita actuar adecuadamente. Y para poder gestionar la inmensa variedad de las interrelaciones de nuestro mundo, lo que se necesita en una red social. La formación no se maneja en solitario.

Ahora habrá quien afirme, que a lo que yo aspiro es a un canon de conocimiento, pero es justo lo contrario. Por supuesto que el conocimiento es necesario, pero aún más necesarias son las estrategias de adquisición, tanto de conocimientos como de criterios de decisión, así como la empatía y la inteligencia emocional. Al respecto no debe olvidarse bajo ningún concepto, que no solo el sistema lógico-lingüístico contiene ambos aspectos (conocimientos y estrategias de adquisición), sino que también, por ejemplo, la expresión artística.

Holger y yo no solo somos —o hemos sido— profesores privados, sino que también nos hemos dedicado a la enseñanza en colegios, tanto públicos como privados.

Si bien ambos hemos dejado atrás la enseñanza tradicional, por distintas razones yo sigo trabajando en un colegio e impartiendo clases en línea.

Holger y yo nos hemos conocido siendo profesor y alumno, respectivamente. La primera vez que me dirigí a él (a quien ya conocía de sus vídeos de YouTube) fue para que me enseñara distintas técnicas del *shaker*, antes de acabar trabajando muchas otras técnicas. Atendió mi solicitud, aunque se le notó un cierto rechazo. ¡Pero aceptó la tarea! Holger me ha enseñado muchas cosas. Nos dedicamos a distintas técnicas de interpretación y de percepción. Sin embargo, lo que hacía Holger no era trabajar conmigo un set tradicional de herramientas instrumentales, sino que empezó queriendo disipar las capacidades que ya traía aprendidas. Opinaba que yo estaba demasiado petrificado en ellas. Queríamos refrescarlas de nuevo. Las técnicas, en el sentido que entiende Holger, tienen otra función. Para él, la posibilidad receptiva y la inmersión circunstancial en el entorno también constituyen una forma de técnica y, por consiguiente, pueden aprenderse.

Aún me acuerdo especialmente de dos tareas que me puso: una vez, estando alegremente sentado en mi cajón, me pidió que tocara «azul». Y en otra, que tocara «equivocado».

Aunque ya desde el principio nuestra relación era muy íntima, —algo que, como se ha dicho, en Holger forma parte del trabajo artístico—, hizo falta que pasase algo de tiempo para que nuestra relación evolucionara hacía una amistad. De momento, no solo interfería entre nosotros el entorno, sino también el dinero que le pagaba.

Holger es hipersensible y empático. Percibe la más mínima vibración, tanto en el otro como en sí mismo, y también del entorno. Sus clases están llenas de esta intensidad. Todo ello ha de ser parte del tiempo que compartimos. Por eso Holger es extremadamente flexible, dúctil y comprensivo. Pero también es vulnerable, porque se cuestiona a sí mismo en todo momento. Tal es así, que tanto la jerarquía entre profesor y alumno como la distancia que media entre ellos están a un mismo nivel.

Tras largos años de experiencia profesional en colegios, tanto privados como públicos, hoy día tengo que decir, que era previsible que Holger acabara no siendo demasiado feliz ni en la escuela de música, donde daba clases, ni como profesor en el *Realschule* (colegio de educación secundaria media) donde estuvo poco tiempo. Había intentado llegar a los límites del sistema escolar, redefiniendo las clases, colocando en su centro al alumnado, trabajando libremente.

También yo tuve un enfoque similar. Sobre todo, fue en las asignaturas de filosofía y alemán, en las que intenté desligarme del plan de estudios. Intenté colocar a los alumnos y alumnas en el punto de partida del pensamiento y pensar con ellos. Mi gran deseo era el de encontrarme con ellos a su misma altura. En ocasiones llegué a conseguirlo, aunque principalmente solo cuando no había notas de por medio.

Intenté impartir la clase de matemáticas de la forma más personal posible, pero el nivel de rendimiento exigido en esta materia es muy estricto.

Mi intención era reinventar el colegio cada día de nuevo. Precisamente la pandemia hubiera podido ofrecer una plataforma fantástica para ello. Pero no surgió nada. En Alemania ni siquiera se logró instalar un sistema fiable para impartir clases en línea.

Y, sin embargo, finalmente parecía que disponíamos de ese tiempo que supuestamente faltaba en el régimen escolar normal. Pero no se llegó a aprovechar. Lo que se intentó, casi a la desesperada, fue mantener el viejo sistema, por ejemplo, el sistema de notas, que nunca ha sido verdaderamente informativo y menos aún en aquel tiempo. Las notas ya ni siquiera tenían un fundamento determinable. Mi propuesta de suspender las calificaciones y sustituirlas, por ejemplo, por cartas personalizadas a cada alumno y alumna — cercanas y alentadoras— no se tomó en serio y, por ello, ni siquiera se sometió a debate. Las imposiciones resonaban en cada esquina.

En ese momento, Holger y yo intentamos fortalecernos y animarnos mutuamente. Repasamos las posibilidades que teníamos.

Pero los colegios desean el sistema para respirar. Un sistema letárgico, sobrepasado e impersonal. Pero un sistema, que tiene la forma de los seres humanos que medran o se sienten protegidos en él, devuelve el golpe —si se me permite el dramatismo. Cada intento de cambiar algo se combate, se ignora o se ridiculiza. De ahí la negatividad subyacente al orden escolar. En los debates con los colegas se nota, que muchos ya ni siquiera la perciben.

Al final, los dos no vimos otra salida que la de la renuncia al desempeño de nuestras funciones.

«Dedikación»

Dedicación, entrega, afán, pasión, obsesión, compromiso, fervor, activismo.

Lo que quiero es describir una actividad —más bien un rasgo característico o una virtud— para la cual posiblemente no se encuentre una palabra apropiada en alemán. En este idioma conozco los siguientes términos: pasivo, romo, inconsciente, aburrido, distante o despectivo, decadente, abstraído, unidimensional, retorcido, inamovible. Quizás los términos ingleses de «*dedication*» y de «*commitment*», me parecen más redondos y adecuados, siempre y cuando esté entendiendo su significado correctamente. Para facilitarme a mí mismo la redacción del presente ensayo y para no patinar sobre mis propias expresiones, voy a utilizar la palabra «*dedication*», por considerarla la más adecuada al concepto que quiero expresar, pero lo voy a hacer con la letra «k». Esta «extranjerización» tan solo ha de servir para recordarnos, que la palabra «dedicación» aún puede contener acepciones desconocidas para mí y para introducir, además, un concepto de mi propia cosecha.

Siempre me han fascinado las personas que exploran las cosas buscando llegar a abarcarlas y vivirlas en su totalidad. Abren una nueva ventana, hacen que algo sea posible. Liberan la mente solo con permitir que las posibilidades surjan. El *skater* Rodney Mullen da en el clavo, cuando lo expresa de esta manera en una «charla Ted». Esa posibilidad que surge desencadena capacidades y deseos latentes, permitiendo que se cree una voluntad. Y si llegamos a identificarnos con estas personas, estas nos permitirán ser partícipes de esa capacidad especial que hemos detectado en ellas. La intensidad de la identificación probablemente sea proporcional a la fuerza de la voluntad. Pero demasiadas veces también, nos damos cuenta de que hay algo que diferencia esencialmente a estas personas de nosotros. Esto no podemos achacarlo (y no entramos aquí a valorar que sea para bien o para mal) a una característica externa. Más bien se trata de una capacidad de conectar íntimamente con una situación, actividad o cosa. Estamos ante una capacidad empática y participativa de una naturaleza fuera de lo común. No se trata de un rasgo fijo de la personalidad ni de un talento. Lo que les distingue de nosotros es precisamente eso: su «dedikación».

Hay, en mi opinión, dos tipos de acceso —fundamentalmente diferentes entre sí— a todas las actividades humanas: uno sin y otro con «dedikación». El primer tipo de acceso es un pensamiento que surge a partir de un objetivo, efecto o motivo (aquí aparece en el fondo la idea de Aristóteles de lo que es una obra de arte). La actividad está al servicio de una determinada apropiación. Precisamente, este «estar-al-servicio-de» a lo que lleva es a una concentración parcial. Extrae de toda acción su esencia. Los *agentes* no se disuelven en su acción, sino que la asumen como un medio. En cambio, la segunda forma de acceso conduce a los «agentes» a «hacer» exactamente esa acción que están haciendo. Su ser está completamente orientado hacia ella. Prácticamente se fusionan con la actividad. Esto les obliga a dedicarle muchas horas del día. Es como si todo su tiempo, esfuerzo, todas sus fuerzas y energías, así como toda su atención y dinero fluyeran hacia el objeto de su atención hasta convertirse en el objeto mismo. Este es también el núcleo de toda meditación exitosa. Las personas que tienen esa especial capacidad, transmiten una imagen de poseídas, obsesivas, «locas» o «idas». A veces, incluso aparentan ser unidimensionales, porque todo lo subordinan a la actividad a la que se están dedicando con ahínco. Pero esto es, precisamente, de lo que se trata: sus actos se diferencian —elevan— de aquellos otros caracterizados por una determinada finalidad.

Esto se puede detectar en muchos atletas, músicos, artistas, descubridores, etc., pero de entre todos ellos prefiero a aquellas personas que precisamente no están en el foco de la atención, las que no ganan (o no pueden ganar) una fortuna, las que, por así decirlo, lo apuestan todo a una carta. Por eso, son tan extraordinarias las personas que se entregan a una «carrera» que no les garantiza poder ganarse la vida con ella. No quiero que se me malinterprete, por eso esto es algo que voy a ir desarrollando poco a poco. Porque también las personas que tienen un acceso a la realidad del primer tipo, es decir, orientado a un determinado fin, lo fían casi siempre todo a una carta. Por eso, están precisamente donde están: en la cima de la prosperidad y de la notoriedad. Y en el relato superficial que se hace de las cosas, pocas veces se nombra a aquellos otros que no han renunciado a hacer lo que les apasiona y a lo que les hace vibrar. No se nombra a quienes su «dedikación» no ha proporcionado el gran salto a la prosperidad o a la notoriedad, a quienes han renunciado a todo lo que no sea esencial.

Para mí, la forma más extrema de hacer algo es hacerlo «a pesar de todo». Para ello hay que ser valiente. Muy valiente, porque se apuesta todo a una misma carta. Porque esa persona no podrá dedicarse a otra cosa y, mucho menos, a otra cosa con la misma intensidad. Por eso, siempre he sentido rechazo hacia los músicos y músicas que tocan (también en público) varios instrumentos, porque cada uno de esos instrumentos es un universo en sí, abierto e infinito, imposible de abarcar. Aunque por supuesto esto no impide sentirse extasiado por un determinado sonido, un sonido que reclama a gritos realizarse de una determinada manera. Y el instrumento en sí, sea cual sea, pasa a un segundo plano. Entonces, quien lo toca, se evade de todo, concentrado en la búsqueda de esos sonidos que «tienen que ser».

Esto suena a una ética «de sudor y lágrimas», pero quiere decir otra cosa. Se trata de una actitud interior, que empuja a hacer de todo para poder hacer exactamente eso, a lo que uno se dedica. Y a hacerlo de una manera continua, concentrada y focalizada.

Estas actividades y las capacidades que se alcanzan con ellas hacen que las personas de las que surgen parezcan de otro planeta. Parecen decir: «Si esto no lo encuentro dentro de mí, todo lo que yo logre será siempre una copia». Estas personas han hecho de su actividad una parte de sí mismas. En consecuencia, sus movimientos resultan orgánicos, redondos, plenos, honestos.

Por eso, cuando pienso en la «dedikación», veo a una persona haciendo algo, lentamente, con movimientos que resultan diestros. Cada toque es perfecto y todo paso que se da es redondo, suave y firme. Cada toque se funde en el *flow*. «Con su caminar blando, los pasos flexibles y fuertes» (Rilke). Cada toque con la mano es una alegría, porque su existencia está abocada a ella y en ella encuentra su plenitud. Por eso, estas personas también se quieren a sí mismas. Entonces es cuando todo está en *Flow*, cuando hay una dirección clara que surge de la coincidencia exacta de la acción y la voluntad. Es la acción —y no el éxito— lo que para esa persona lo significa todo. Estamos ante la interpretación perfecta del «*carpe diem*», así como de «el camino es la meta». La persona permite que actúe en ella un esmero abundante y sereno. No solo se concentra al planear las cosas, sino que las hace con amor al detalle, escrupulosamente. Por eso, sus actividades se ven tranquilas, casi lentas, y aunque aparentan ser pequeñas, fluyen. Y todo ello en silencio. Si dicha actividad genera sonidos, estos son claros, de alguna manera aislados y cristalinos. La persona es foco. Para ella no hay distracción posible.

En esto consiste la tarea del yo. El yo es actividad plena. En esto consiste también la tarea de la meta. La meta pierde su valor definitivo. Por eso, Holger lo que quiere es disolver el tiempo en sus *performances*. Y cuanto más largas son estas (véase su *performance* de 24 horas en febrero de 2020), más se desprende de una temporalidad vinculada a una meta.

Los movimientos, en su precisión, son casuales, ligeros y fluidos. No son «para... », sino que «son». Todo se encaja en sí mismo y todo está como debe estar: bien, como condensado en un punto único.

Estas posiciones y momentos, en los que todo cuadra, son de una belleza deslumbrante, como imposibles de alterar.

En mi novela *Stille* (*Silencio* ,en español*)*, a la pregunta acerca de lo que quiere decir el autor, le he hecho responder precisamente que «eso». Eso es el momento. Es lo que también encontramos en la búsqueda de Kerouac, Fausto y muchos otros. Además, el momento es silencioso. La calma envuelve al artista de la *performance*, así como a todos sus toques y movimientos, de manera que su cabeza parece descansar en una direccionalidad vacía. La *performance* se vuelve ritual. Adquiere su regularidad. Las rutinas de diez mil horas de práctica y amor se acaban fundiendo en una misma unidad.

Es una entrega total, una focalización despreocupada.

Cuando todo lo demás pierde importancia o queda despojado de ella. Cuando no hay ni vacilación ni miedo.

Todo está bien y lo que está bien es como si se disolviera.

Por eso, hay artistas que no aspiran a «amasar» éxitos y mucho menos en sentido económico (véase *Visibilidad*). A lo que aspiran es a evitar precisamente la sistemática del éxito. Por eso, en ocasiones su actitud, más que evitarlo, lo que provoca es un efecto contraproducente. Aquí se demuestra, que no es la promesa de éxito lo que le es inherente a la «dedikación». Si no se relacionan o, sobre todo, confunden entre sí, es posible alcanzar una autosatisfacción suprema. En ese camino de la creatividad, te concedes a ti mismo una libertad que no tiene que rendir cuenta ante nadie. En consecuencia, el acto creativo resultante es modesto, reposa en sí mismo.

Me tengo que acordar de la fantástica expresión de Kerouac en *On the road*: «¡Él lo tiene!».

La «dedikación» llega a tocar completamente el fondo de una cosa. Por eso, también se trata de repetir una y otra vez el acto inmutable. ¿10.000 horas quizás?, ¿o 10.000 veces? ¿Acaso alcanzar la maestría? (Véase el ensayo «Elegancia» en el presente libro). Además, surgen constantemente preguntas que intentan dilucidar la actividad. Porque justo de lo que no se trata es de convertir veinte kilómetros en cuarenta, sino de recorrer los kilómetros de la manera deseada. La «dedikación» se reconoce especialmente bien en lo extremo. Ello se debe, con total seguridad, a su exposición extrema, pero también a su supuesta inaccesibilidad. Lo extremo ofrece la máxima visibilidad (véase el ensayo en el presente libro). Así, cuando lo extremo va de la mano de la visibilidad, logra crear un polo opuesto a la normalidad (que nos libera de tener que ser «así, porque sí»).

Lo extremo logra cimas, récords, pero no consistencia. Por eso, siempre se afana en llegar a más y a una plenitud inalcanzable. La «dedikación» consigue ambas cosas y es autosuficiente. Por eso no necesita de la «visibilidad» y puede encontrarse en cualquier actividad, también en lo cotidiano. Incluso aspira a ser cotidiano.

Esto lo asocio a una persona que medita ensimismada, pero que, al hacerlo, no está inmóvil o no está «solo» inmóvil. ¿Será acaso un maestro o una maestra Zen? Yo solo veo a una persona, aunque sé que esta también necesita al equipo. Porque los demás a su alrededor no son comparsas. Forman parte integral de la acción. Se convierten en la propia acción.

La actividad está encerrada en sí misma y lo mismo ocurre con la persona que no solo parece extasiada, sino que lo tiene que estar. Así entran en juego los términos «pasión» y «obsesión». Aquí no se da el caso de que el estado extático tenga una connotación peyorativa. Al parecer se desdeñan las actividades cotidianas como hacer la compra, trabajar, limpiar, etc., pero esto se debe exclusivamente a que desvían el foco, distraen, por así decirlo, robándole espacio a la «dedikación». Pero esta también debería abrazar estas actividades, acogerlas en su seno. Por eso, me encanta el deporte, que aporta todo lo dicho de una forma evidente. Al menos se ve con claridad que el deporte acoge.

Retomo en este punto a los corredores y corredoras ultramaratonianos. En una ultramaratón estamos reconducidos a lo esencial. Se trata de sentir el cuerpo, de correr, de comer y beber. También se trata de manejar los rigores de la naturaleza (también de la propia). No hay espacio para más. Esto es aplicable también al entrenamiento. Correr se convierte en la propia vida. Y es necesario destacar sobre todo a los corredores y las corredoras que no cuentan ni con el apoyo de grandes patrocinios ni con destacadas apariciones públicas. El sistema FKT (*fastest known time*) me parece fantástico. Porque da a entender que el tramo (normalmente superior a los 50 km) ya se ha recorrido con anterioridad alguna vez, aunque no se sepa públicamente.

Pero todo esto que estamos diciendo podría integrarse también en otras artes. Porque es una forma de generar la sensación de equilibrio y de redondez. El fracaso ya no hace descarrilar, sino que forma parte por sí mismo de esa sensación, puesto que no hay nada que deba alcanzarse, pero, en cambio, sí hacerse. Por eso, ni las prisas ni los agobios son una opción. La «dedikación» es, en el mejor de los sentidos, tiempo. Los datos que asignan al aprendizaje y al perfeccionamiento de un «arte» un determinado tiempo de práctica son engañosos, erróneos y técnicos.

Es maravilloso. Las personas con el don de la «dedikación» brillan. Se disuelven completamente en el espacio. Lo llenan. Esto es algo que se puede percibir. Son autosuficientes en su actividad. Se percibe la firme voluntad que las empuja y guía. No se trata aquí de soberbia.

Porque quien se deja llevar por la «dedikación» también puede caer. Y desde una gran altura, además. Pero no caerá, mientras no pierda su conexión con la actividad. Puesto que sabe que está haciendo lo correcto. Los resbalones y contratiempos forman parte de ello. Son algo querido. (Me pongo intencionadamente dramático, puesto que la propia «dedikación» lo es).

Aunque la actividad está cerrada en sí misma, la palabra «hermético» estaría equivocada en este contexto, puesto que la persona se relaciona —interacciona— con el mundo exterior, de manera que su acción es como un punto culminante o nodal del mundo exterior y de sus caminos. Esto no significa que resulte fácil seguir a estas personas en su actividad, pero se percibe directamente, que han encontrado un camino y que hay algo correcto en lo que hacen. Es la plenitud plena de cuerpo y espíritu. Aquí se muestra el yo en su forma más pura. Por eso, a estas personas las rodea un aura (que no pueden percibir ni las cámaras ni nada parecido) y, por eso mismo, la «dedikación» no solo puede aparentar ser radical, sino que lo es verdaderamente, porque se convierte en la única parte de la vida que hay que tomar en serio. Esta es la razón, por la cual este tipo de personas a menudo parecen narcisistas, ególatras o algo similar. Aunque podría ser que su naturaleza las predisponga a ello, no necesariamente ha de ser así.

Cuando representan su actividad mediante una *performance*, vemos en esta tan solo una mínima parte de lo que realmente es. El aplauso que regalamos, el reconocimiento que expresamos, son aditamentos insignificantes, aunque también bellos. La verdadera actividad se lleva a cabo en soledad. Hasta que podemos —o mejor dicho, se nos permite— «formar parte» de ella, han pasado mil horas silenciosas.

En su momento, la persona muestra la culminación de su actividad. Elige para ello una parte de ella que «valga la pena» mostrar. Algo así como la dudosa lista de lugares de interés cultural que una región selecciona para visitar, porque hasta que estos lugares no revelan todos sus matices, no se convierten en una experiencia para el visitante. Ocurre demasiado a menudo, que se descontextualiza un lugar de interés cultural de su entorno genérico. Me gusta comprobar que también en este punto coinciden los ultramaratonistas. A lo largo de su *performance* demuestran, que no han llegado al final, porque se ve que dudan, maldicen, que se rinden y atacan de nuevo.

Al final, lo que hace una persona es utilizar una determinada plataforma que se le ofrece para realizar su propia *performance*. O puede ocurrir también, que dicha persona lo que quiere es expresar algo que pueda ser un nuevo camino social, o una nueva visión de determinados estados o procesos públicos. Pero pocas veces vemos a la persona desde el significado de la «dedikación».

Al observador o a la observadora no siempre le resulta sencillo detectar en una *performance* la «dedikación» subyacente. Porque lo que se muestra está imbuido de ligereza, naturalidad e inmediatez. El camino que ha llevado hasta allí no es visible. Sobre todo para la gente que no sabe de ello. Para «demostrarse» a sí mismos, estos artistas acuden muchas veces a frases que son o aparentan ser muy complicadas. He aquí el «más alto, más rápido, más lejos» del arte.

Muchas de las actividades que se aprenden y realizan hoy en día están orientadas hacia las superficialidades y las representaciones. Así lo exige el medio digital (véase el ensayo «Espacio» en el presente libro). Esto socava lo relatado. Ese tipo de práctica se plantea desde el utilitarismo y se basa la despreciable diferencia entre lo intrínseco y lo extrínseco. Por eso, el mundo de los negocios puede potenciar este fenómeno de la «dedikación» hasta la farsa. Lo explota. Hace que se convierta en un medio que sobrepasa con creces su fin. La penetración económica del artista *performativo* lo convierte paulatinamente en algo enajenable y parecido a una máquina. La «dedikación» asoma entonces como un relámpago en los denominados «plusmarquistas». El ámbito de la competición o del concurso están cerca de devaluar la «dedikación» , porque logran alcanzar un objetivo que no está consagrado al verdadero desarrollo pleno de la actividad.

Visibilidad

La visibilidad es el escaparate del arte y de la cultura.

La visibilidad es la garantía para que el arte y la cultura se vendan. Muchos artistas y creadores culturales podrán decir que lo que les importa principalmente es el alcance de su mensaje y no el aspecto económico. En eso, son como los jugadores o jugadoras de fútbol.

Pero si profundizamos un poco, esta autopercepción se desmorona rápidamente. Enseguida nos descubrimos hablando de cosas como el «valor añadido» o la «generación de valor». Esto se hace particularmente visible, cuando se atisba en el aire una brizna de éxito. Que el alcance artístico se refleje en una relación económica es algo pérfido Así, los artistas de éxito son aquellos que aparecen en las listas de *bestsellers*, en los historiales de ventas, de clics, etc. Esto salió a la luz aun con más claridad durante la pandemia. En las revistas especializadas, las preguntas dirigidas a los creadores culturales casi siempre apuntaban hacia el aspecto de la rentabilidad. (Desafortunada expresión, por cierto, la de «creadores culturales». ¡Como si a la cultura hubiera que crearla!). Con motivo de la pandemia se habló del desplome de los ingresos, de proyectos anulados y conciertos aplazados. Pero pocas veces se les concedió la palabra a los propios artistas, a ellos que de verdad temían por su existencia. Pero este fenómeno se debe a una espiral autosuficiente, ya que todas las partes implicadas tienen la necesidad que mantenerse y de afianzarse en el mercado: las revistas, los quioscos, las editoriales, los periodistas, los espacios culturales, etc. La enorme presión de crecimiento que hay en la economía la encontramos también en el ámbito cultural.

La cultura está sometida al libre mercado y, por consiguiente, también a sus leyes. Es por ello, por lo que hay costes que calcular, pero también ingresos y beneficios que contabilizar. A los creadores artísticos no solo hay que retribuirles sus necesidades básicas. Lo mismo ocurre en el ámbito de la creación cultural, que hay que tener en cuenta unos extras casi imposibles de contabilizar, porque, además del material utilizado, cada obra nace de incontables horas de prácticas, ensayos, debates, repasos, recomendaciones, desarrollo de ideas, etc. Aunque hemos optado por vender arte y cultura, por supuesto también serían posibles otros modelos como una

«Ampliación de Experiencias, Sociedad Anónima» o un « Fondo para el Entretenimiento y la Adquisición de Conocimientos» (en mis tiempos de estudiante tuve compañeros que hablaban de un «seguro revolucionario». Todavía me sigue pareciendo una idea simpática). Al venderla, la obra adquiere un carácter de producto. Y, de paso, también se tasa a las personas involucradas. Por todo ello, la visibilidad de una obra pasa a convertirse en el aliento vital para su supervivencia. Porque la visibilidad se adapta a la perfección a las políticas de oferta y demanda de un mercado libre. Por consiguiente, la demanda de un producto se corresponde con un alto nivel de visibilidad ofrecido, una visibilidad que puede aumentar la demanda o incluso hacer que decaiga. En el ámbito de la creación cultural florece a su máximo esplendor la semilla del mercado capitalista liberal, debido a la imposibilidad o dificultad mencionada de tasar las obras creadas (a día de hoy, ni las horas de trabajo ni el material preciso empleado ni su nivel de complejidad están en condiciones de aportar datos exactos para ello). Por consiguiente, el arte, la cultura, así como también el deporte, son las formas más puras del «capitalismo».

¡El creador artístico cultural tiene que ser visible! No solo eso: es necesario ver que se ve. Y la mejor visibilidad es la visibilidad acumulada. Es decir, lo mejor es cagar sobre la boñiga más grande. (*Intermezzo.* No es de extrañar, que no hablemos de lo audible y lo táctil. Nuestro mundo está excesivamente orientado lo visible. Casi hemos configurado el mundo de tal manera, que los demás sentidos se atrofian o arrinconan, como mínimo. En cualquier caso, ya no los necesitamos. No comprobamos probándolo, si un alimento aún está fresco, sino que miramos su fecha de caducidad. Qué más nos da llevar los oídos tapados con cascos o similares, si nuestros órganos auditivos ya casi nunca nos transmiten informaciones verdaderamente importantes. Y la mayoría de las superficies están lijadas. No contienen informaciones para nuestras manos).

La visibilidad son clics, pulgares hacia arriba, corazoncitos y otros muchos caracteres como los *likes, shares, views, reposts* y *followers.* A veces también los comentarios. Se sugiere una variedad que no existe, lo cual se puede aprovechar de maravilla por *bots* «enemigos». Todos estos indicadores de visibilidad se basan en la cuantificación. Graduarlos no es posible, con excepción, quizás, de los comentarios, aunque la forma del espacio disponible para estos tampoco da mucho juego. Dicho esto, no debemos olvidar nunca, que la percepción sensorial humana, el pilar sobre el que se apoya todo el arte y la cultura, es un espacio de contacto multicapilar, cuyas facetas ofrecen un espectro de posibilidades expresivas prácticamente ilimitado. La presencia en el «otro» es un contacto profundo y multisensorial que requiere de concentración, inmersión, apertura y sensibilidad, y que tiene muchos matices sutiles, así como múltiples fundamentos. En la atención generada por ordenador, no se encuentra nada de eso, la presencia no es necesaria.

La visibilidad también son los conciertos, la publicidad, los precios, el *merchandising,* los concursos y la repetición periódica de todos ellos (a menudo es más importante agendarlos que llevarlos a cabo). Por lo menos a los conciertos aún hay que ir personalmente.

Para alcanzar estas formas de visibilidad, lo creado tiene que ser supratemporal y supraespacial. Ha de ser «transportable». Así, su masificación se hace posible. En este cálculo de aprovechamiento, Internet, con sus posibilidades de participación, representa un salto cuántico. Mientras que fuera de Internet tan solo un círculo reducido —también podría decirse exclusivo— de gente está enterado de tus preferencias personales (los amigos, familiares familia y un entorno físico limitado), Internet lo que ha hecho es estallar las fronteras personales. Los amigos se han transformado en *friends* y *followers* que proceden de todo tipo de sitios, hasta los más lejanos, pero que han perdido su profundidad.

Un comentario al margen: Internet utiliza parcialmente técnicas de propaganda y de publicidad que llevan existiendo desde hace mucho tiempo. Antes de la época de Internet, había columnas publicitarias, carteles, octavillas, libros, revistas, pegatinas, eslóganes impresos, grafitis... Creo que Internet se ha apropiado del funcionamiento de este tipo de medios y soportes de visibilidad clásicos y los potencia al máximo. El efecto de la propaganda ya existió mucho antes de la llegada de Internet.

La simplificación resultante ya se nota también en el contacto personal, véase, por ejemplo, los abrazos que se dan hoy en día: llevar el móvil en una mano prácticamente impide el contacto físico interpersonal y hace que la mirada se mantenga fija en el infinito, sopesando posibles *likes*.

Por otra parte, sin embargo, esos *likes* virtuales penetran con su unidimensionalidad en las ranuras más pequeñas de nuestro ser. Como todo es susceptible de recibir una valoración, todo se tiene que poder presentar y hacer visible. Y, al final, todo esa dinámica de alguna manera fomenta o perjudica las ventas. Se habla de los «consumidores finales», pero en la comunidad virtual el aprovechamiento económico ya no tiene fin. Esto está mal expresado: lo ideal es que no haya un final. Esto me lleva a imaginar *thinktanks* gigantes dirigiendo el aprovechamiento táctico de toda la «fuerza creativa» humana.

Como efecto se va tejiendo una espiral, cuyo giro se va cerrando cada vez más en un centro económico. Para ello hace falta que no solo sean vendibles las obras, sino cada vez más, por añadidura, los propios creadores artísticos. Hace tiempo que ya no basta, por ejemplo, que una pieza clásica se limite a su interpretación, sino que también forma parte de su esencia la proyección estética de su intérprete (véase más arriba la portada de Grubinger). Esta se debe a un determinado código estético-social. Nigel Kennedy y David Garrett, por ejemplo, intentan replantear el código, pero lo que de facto consiguen es agravar el efecto que pretenden evitar.

En este huracán comercial, la Mona Lisa casi resulta una bestia tozuda. En realidad, los museos aún son, en su gran mayoría, refugios de lo intocable. Se calcula el valor de mercado de un cuadro por la tasación del seguro. ¿Y cómo se calcula esta? ¿Por los hipotéticos precios en el mercado negro? ¿Por el coste de su recuperación? ¿Por los costes de conservación? ¿Por las subastas virtuales? ¿Por comparación con otras obras subastadas? (Véase en Wikipedia, por ejemplo, la lista de las obras más caras).

Aunque también hay formas de arte (o formas de acción), que por su orientación fundamental se rebelan contra esta realidad comercial, o que al menos la entorpecen, acaban cayendo finalmente a grandes rasgos en ella: hablamos de performative *art*, *skateboarding*, *happenings*, *drum circles* y demás. Rápidamente aterrizamos en la replicabilidad de las obras de arte, en expresión de Benjamin. La replicabilidad se vende como una posibilidad: la posibilidad de un círculo de receptores más amplio o la oportunidad de atención o ganancias duraderas.

Pero seguramente también hay creadores artísticos que desean —consciente o inconscientemente— que su vuelo escape al radar. Es algo seguro que hay personas en busca de algo con lo que expresarse o de algo con lo que «procesar» otra cosa (como se escucha decir a menudo). Por lo general, estas personas no necesitan un público receptor. Algunas no quieren ni oír hablar de representarse o de realizar una *performance*. No se trata de miedo o de respeto al escenario, sino de una determinada autosuficiencia. No desean ni el éxito ni atraer el foco de atención hacia sí mismos.

Quizás lo que persigan es que su arte tenga éxito, siempre y cuando ese éxito lo puedan alcanzar sin exponerse personalmente. Por eso se rebelan contra el éxito, si este implica necesariamente una exposición pública y personal. Confiemos en que no se dejen corromper. Hay un círculo bastante reducido, en el que actúan mecenas públicos o privados que tienen como misión principal ocuparse personalmente de este asunto. Se pretende así reforzar una determinada actitud. Una actitud que —no sabría yo decir aquí hasta qué punto— no esté ya también orientada hacia una visibilidad a largo plazo.

Aparentemente, el éxito brilla cuando es independiente. Atrae la prosperidad. De esta manera, el creador o la creadora artística se puede concentrar más en el arte, puede sumergirse más en él sin tener que preocuparse por su subsistencia. Pero, con una sola vez que se entra en la dinámica de la comercialización a nivel industrial y de sus imperativos, es muy difícil escapar de ella.

Otros hacen de su arte un hobby, aunque también muchas de estas actividades se aprovechan de la estela de los profesionales. Ya casi no se encuentra un músico o música que no haya grabado un CD, vendido una camiseta, etc.

Pero además de los agentes profesionales movidos por el afán de lucro, existe ciertamente en la sombra otro tipo de impulso vital: se trata de la actitud vocacional de los artistas y creadores culturales, porque estos están convencidos de que el mensaje que tienen que transmitir debe ser escuchado. La posibilidad de conseguir que el mensaje se perciba, sin embargo, depende de una infraestructura que a su vez depende de la visibilidad.

La visibilidad es, por lo tanto, un escaparate, una rueda publicitaria obligada a girar constantemente. Las florituras estilísticas más absurdas son homenajes otorgados a los récords de ventas (véase «el Eco» que sucumbió a su propio sistema). A veces, incluso los escaparates se sirven a sí mismos como producto. Lo mismo los consumidores finales, quienes al exponer el *merchandising* acaban convirtiéndose ellos mismos en escaparates o columnas publicitarias. Cuando hablo de *merchandising*, me refiero al diseño de artículos en torno a un mensaje artístico o cultural. Estos artículos se muestran en el pecho o abdomen de los seguidores (esto lo llevó H&M hasta el absurdo, cuando vendió camisetas de grupos musicales a gente que no tenía nada que decir sobre esos grupos); o en gorras, pantalones zapatos (se venden zapatillas de fútbol con un pequeño CR7) y hasta en ropa interior. ¡Una columna publicitaria andante es de lo más efectivo! No hay una época «preinfluencer». Solo hay una época, en la que este fenómeno todavía no tenía una denominación. El *merchandising* también tiene entrada en hogares distinguidos mediante carteles o serigrafías de alta calidad. De esta manera, el *merchandising* también se convierte en un escaparate de la supuesta personalidad de su portador o portadora (por ejemplo, un cartel en el salón, las tapas de un medio auditivo o de un libro en la biblioteca). De lo que se trata fundamentalmente cuando hablamos de visibilidad y de visibilización es de no perder la atención de los clientes o de lograr primero retenerla para afianzarla después. Por eso, lo que hacen imperativamente es penetrar en los espacios vitales perceptibles, a ser posible, en todos. Así, tenemos llenas de *merchandising* cosas como las jaboneras, las vajillas, la ropa de bebés, los felpudos, las bolas navideñas. En este sentido, los logotipos son los que se muestran como la forma más condensada de visibilidad. Basta con observar su efectiva sencillez y su omnipresencia.

Por eso, el arte en tanto que intento de crear nuevos espacios de percepción y de conocimiento se acaba, cuando orienta su foco a la visibilidad. La visibilidad se asemeja a una maquinaria. Y la obra se convierte en una piececita de ella. Quizás la piececita sea una polea, pero la mayoría de las veces, no es ni eso. La polea es casi siempre ese tipo de contratos que le imponen a la obra su distribución mínima, su extensión y, a menudo incluso, su propio contenido. Contratos redactados preferentemente por asesores y asesoras de empresa antes que por expertos y expertas en arte.

Por eso, la obra no puede estar acabada del todo, para que de ella aún puedan surgir mercancías y su consiguiente demanda. Para eso, la obra tiene que ser vista. Y para que sea vista, están las técnicas publicitarias. Las agencias trabajan en la presentación de la obra y en la periodización de las visualizaciones. La visibilidad es, por lo tanto, una construcción cuantitativa.

Para ello se crean o programan plataformas, las cuales han de ser abiertas y asequibles, a ser posible, a nivel global. Mediante estas plataformas el carácter de mercancía adquiere una dimensión más, porque también los usuarios y usuarias se vuelven una mercancía en forma de datos. Estas ramificaciones y enredos tienen como consecuencia, que los usuarios y usuarias paguen por poder llevar publicidad encima, incluso por tener derecho a ello. Mediante los *likes*, los comentarios y los contenidos compartidos, los usuarios y usuarias creen tener literalmente la información entre sus manos. En realidad, la visibilidad se crea a sí misma. ¡Saludos de McLuhan!

Este sistema que se sostiene gracias a la visibilidad es una tela de araña tejida por la desmemoria y por la cultura del recuerdo. Para crear una necesidad, se ha de conectar con algo conocido, pero ese «algo conocido» se tiene que percibir como algo nuevo, como algo mejor, más acabado. Además, lo que activa el comportamiento de los usuarios es el aburrimiento. Las mercancías solo pueden contar con un margen de atención muy breve. Por esta razón, tanto la demanda como la sugerencia de novedades es constante. Sin pausa se están produciendo updates que aparentan ser mejoras. Pero, en total, lo que se produce es aburrimiento, un hastío interrumpido por breves picos.

Esto genera en los artistas la sensación de ser acarreados, pero también un sentimiento de alienación. Han de producir, pero el «producto» ya les ha sido arrebatado de las manos. Esto no es un fenómeno nuevo, sino uno más refinado, profesionalizado y perfeccionado. Las listas de recomendaciones son listas de superventas. Sirven como recomendaciones de calidad sin ocultar siquiera su masificación. Pero se apela a lo que se denomina «inteligencia de la manada», un tipo de inteligencia que no existe en la realidad.

De lo que se trata es de agradar y no de abrir ojos, conocer, ampliar horizontes, cambiar de perspectiva o similar. De lo que no se trata, precisamente, es de inteligencia. La sensación que dejan los *bestsellers* es de vacío, porque solo sacian el hambre brevemente.

La visibilidad o, en su caso, la garantía de visibilidad es contraria a todo lo que nos propusimos en los paseos resonantes. Las *performances* tienen que ser espontáneas, improvisadas, analógicas e instantáneas. El receptor y la receptora han de pertenecer al mismo espacio o, como mínimo, han de poder generar el espacio para sí mismos durante el proceso. Lo que perdura es el proceso.

En: El Puerto de Niehl – Confuso

A veces, las cosas no salen como esperamos. Pero me doy cuenta de que, ahora que ya estamos en nuestra quinta o sexta excursión, sigo acudiendo a nuestros encuentros lleno de expectativas. Esto es así, porque estas son de una naturaleza especial. Lo que yo siento como expectativa es una «tensión relajada»: ni Holger ni yo sabemos a ciencia cierta lo que va a ocurrir y, sin embargo, planeamos «hacer algo». Para nosotros, lo importante son nuestro camino, nuestro espacio y nuestro humor. No necesariamente lo correcto, pero sí lo acorde. Al mismo tiempo, nuestro interés principal siempre lo dedicamos a nosotros mismos. Queremos aprender, entendernos el uno al otro, expandirnos, disfrutar y expresarnos.

En la presente ocasión, el terreno de la primera parte de nuestro paseo sonoro me resulta familiar. Durante mucho tiempo fue una parte de mi recorrido habitual de *jogging*.

Hace frío y viento. El ambiente está algo tenso y yo no acierto a adivinar por causa de qué. Pero en esto consiste, precisamente, la «tensión relajada».

Holger y yo ya nos conocemos tan bien, que entre nosotros, sin darnos cuenta, también se ha ido desarrollando un pequeño ritual que casi tiene el «encanto» de una sesión terapéutica: nos saludamos, nos preguntamos brevemente el uno al otro de qué humor estamos y nos ponemos un poco al día de nuestras cosas. Algo ni muy profundo ni muy superficial. Es como traspasar un umbral. Según lo que nos haya pasado, nuestro ritual nos conduce directamente al interior de un círculo más amplio de preguntas.

Hoy, como tantas otras veces, el asunto central es la situación de los colegios, o mejor dicho, de las clases o de cómo mantenerlas en pie. Holger se siente apesadumbrado, exhausto; siente la presión que significa ser profesor; tiene dudas sobre su puesto, así como sobre la estructura jerárquica que se ha formado. En sentido literal, todo eso lo aplasta (véase el ensayo sobre las clases). Su dolor es perceptible. Las preguntas que nos hacemos resuenan en mis oídos. Y no caen en saco roto, puesto que también yo hace tiempo que estoy trabajando en mi condición de profesor, dudando, asumiendo riesgos e intentando mover fronteras.

Nuestra charla desemboca en una pregunta esencial: ¿En qué consiste una buena relación maestro-alumno?, ¿cómo se podría articular, establecer, afinar y profundizar en colaboración con los propios alumnos y alumnas? Ya tocamos esta cuestión en nuestro último encuentro, pero solo tangencialmente, porque, al principio, la relación que nos une también es la de profesor-alumno. (En la actualidad, casi dos años después del día relatado, ni él ni yo seguimos siendo profesores del sistema escolar alemán).

Nuestra primera estación en el día de hoy: el puente en el puerto fluvial Niehler Hafen. Se trata de un puente de alrededor de 50 m de largo, cuya pasarela es de vigas de madera, las cuales castañetean alegremente cuando se las pisa, y más aún, si se rueda sobre ellas. Además de un pasamanos de acero sobre un jabalcón sencillo, hay un gran arco, también de acero. En su bajada a ambos lados del canal (que conduce o bien al puerto o bien al Rin), el puente gira con una gran suavidad, de manera que resulta perfecto para bajar por él en bicicleta o en silla de ruedas (aunque la cuesta sea algo empinada quizás...). Forma una S maravillosamente ondulada.

Al principio, permanecemos un rato largo en silencio, ambos atentos, se diría que de *tour* por las percepciones. El viento nos sopla en los oídos, los colores son fuertes y penetrantes. Percibimos la vibración del puente, cuando alguien pasa por él. Las sacudidas causadas por las bicicletas, como las de las vías del tren, son las más fuertes. Intento hacer sonar un papel al viento. (Luego, en cámara, se escuchará el sonido más nítidamente que en el momento mismo). Holger me anima a reorientar mi perspectiva de tal forma que sea capaz de escuchar el papel al viento. ¿Cuál es la perspectiva auditiva que debo, o mejor dicho, «puedo» tomar? ¿Acaso un sonido tiene carácter imperativo? ¿Qué es lo que necesita un sonido para tenerlo?

Y, de esta manera, avanzamos tanteando la barandilla, la cual nos transmite los sonidos del puente que percibimos al apoyar uno de nuestros oídos sobre ella. En este momento preciso es cuando «entramos nosotros», comenzando a hacer sonar los tubos metálicos horizontales y verticales que la componen. Primero con las manos y luego con los *brushes*.

¿Qué deseos tendrá un puerto que aparenta tener poca actividad? Hay piezas de remolque aparcadas en vías muertas y no se mueve una grúa. En cambio, sí se mueve el agua, sobre cuya superficie se desliza el viento. Finalmente, algo se pone en marcha: un barco carguero, parsimonioso e increíblemente largo. Ahora gira pesadamente por el malecón.

De alguna manera, la barandilla es obstinada, pero precisamente en eso radica su fuerza. Hay que repensar los esquemas del movimiento.

Seguimos conduciendo en dirección a las fábricas de Ford. Y nos topamos, en primer lugar, con una iglesia: el *Niehler Dömchen* (o el «Pequeño Monasterio de Niehl», en español). Las iglesias son una fuente de inspiración particular. Esto lo pensamos así, aunque ninguno de los dos seamos personas religiosas. Pero también nosotros percibimos la fuerza y la esperanza que portan las iglesias en sí mismas. Además, sabemos reconocer que hay determinados edificios que son una obra de arte. Es tan natural que los interiores de las iglesias —en tanto que objetos sonoros acústicos— sean inspiradores que aún flota en el aire la pregunta: ¿Qué estaba antes?, ¿el sonido o el espacio? La respuesta es aburrida.

(Más adelante nos fascinarán las características de la iglesia *Sankt Gertrud Kirche*.

Véase: https://www.youtube.com/watch?v=Gy8hpD_7erk&t=4s; 22.04.2022.)

Solo estamos poco tiempo en el *Dömchen*.

Nuestra parada siguiente es el dique de protección contra la marea alta. Ahí nos dejamos caer delante de una gran pared semiredonda e inclinada, construida en capas de piedras superpuestas. Aquí, con lo que interpretamos es con piedras y las esferas de Holger. Además, intento reconducir a mi favor un enfado provocado por una amiga. Cojo una señalización sobre la táctica para evitar inundaciones y la utilizo como instrumento en el que tocar mis baquetas de gong.

El día oscila para mí entre lo juguetón y lo serio. Después, seguimos conduciendo (sin más) hasta Chorweiler y allí nos sentamos a tomar un helado o cualquier otra cosa en uno de los recién instalados bancos entre los grandes edificios rústico-brutalistas. Mientras Holger habla por teléfono, recojo una taza de café que rodaba empujada ligeramente por el viento. Esta escena me recuerda a una en *American Beauty*.

Hablamos de nuestras expectativas respecto de la amistad, la bondad, la profundidad y la empatía. En cuanto a la amistad, yo cuento, por ejemplo, algo de lo que estoy profundamente convencido: el lazo de la amistad no solo nos permite confiarle a la persona amiga el hecho de estar pasando por un proceso vital doloroso, sino que otorga el privilegio de mantenerla al tanto en cualquier momento de la evolución de nuestro estado de angustia o preocupación.

Espacio

Lo digital ha transformado el espacio y la sensación espacial. Yo incluso diría que nos los ha arrebatado. Al final, ha sustituido espacios por lugares.

Antes de la digitalización, ya hubo varios de estos grandes movimientos transformadores del espacio. Los desarrollos innovativos de los medios de transporte son uno de ellos. Otro es la cultura de la escritura. Dada la actividad investigativa que llevamos a cabo en el marco de nuestros paseos resonantes, no puedo dejar de mencionar en este contexto el desarrollo innovativo que también se ha producido en el ámbito de la grabación audiovisual. Los desarrollos en estos ámbitos de alguna manera aún han mantenido los espacios, si bien no han dejado de intervenir en ellos, modificándolos, segregándolos o, en ocasiones, desgarrando su estructura social. Lo digital, en cambio, lo que está haciendo es extraerle la espacialidad al espacio.

En el caso de los medios de transporte, destaca principalmente la innovación que supuso la motorización. Su influencia es patente en nuestras ciudades, las cuales han sido adaptadas a las necesidades de los vehículos motorizados. Es decir, los primeros que parecen haber comprimido el espacio son los medios de transporte, seguidos, más tarde, por la digitalización, que ofrece un acceso a las cosas tan rápido y fluido que produce la sensación de que todo se aglomera a nuestro alrededor. Y también parece estar al alcance de la mano todo lo que supera con creces los lugares a los que nos dirigimos. Nuestra relación con las distancias se ha reconfigurado. Parece que el mundo les pertenece a los humanos. Pero también parece que, más que ayudar a las personas, los medios de transporte las han «ampliado». La fuerza y la rapidez propia de los motores (más adelante también de lo digital) se transfiere a lo humano, se integra en su forma de ser.

Esta nueva sensación espacial también va aparejada a una nueva sensación de «ser» humano. Por eso, es tan intensa la identificación de un conductor o conductora con las capacidades de sus vehículos a motor. Por consiguiente, también ha cambiado el tipo de interrelación personal entre los humanos y, por añadidura, entre sus respectivos espacios de actuación. Como consecuencia de ello, los medios de transporte no dejarán nunca de tener una dimensión política, económica, ecológica y antropológica.

Los medios de transporte, sin embargo, no han creado nuevos espacios ni los han fusionado, sino que han comunicado lugares entre sí. Y en su aguaje han arrastrado a un gran número de no-lugares (Augé: aeropuertos, estaciones, aparcamientos…). Los lugares se dejan describir con coordenadas. Los lugares se encuentran en los mapas. Los lugares se dejan fotografiar. Pero los lugares no se pueden retener. Los medios de transporte le quitan al lugar su lentitud, lo aplanan. Los lugares tienen que poder ser alcanzados o abandonados físicamente. Con los espacios, en cambio, esto no es posible. Sin embargo, se ha producido una distorsión que ha convertido los espacios en lugares. Sin ella no hubiera surgido la globalización que, por su dimensión excesiva, representa a la cultura mercantilista.

No obstante, debemos reconocerle a los medios de transporte el mérito de haberles otorgado la oportunidad de ser espacio a determinados lugares que sin ellos no hubiéramos podido alcanzar nunca o, en cualquier caso, no sin gran dificultad. Parece que se ahorra tiempo saltando las distancias. Pero, al mismo tiempo, desposeemos al camino de su importancia. Borramos su esencia cuando «tendemos un puente» que le quita al movimiento su sensorialidad. Además, está aumentando la privatización de los espacios al sustraerlos del ámbito social. El anhelo por tener un coche grande y, por lo general, acogedor y personal demuestra con claridad que los usuarios y las usuarias sienten una carencia. La incapacidad para satisfacer este anhelo se acaba compensando con simples pegatinas. Con ellas se rompe la uniformidad y se intenta personalizar el espacio del entorno más próximo.

La infraestructura —en este caso, la que da soporte a los medios de transporte— se entiende como una superación, y no como una permanencia. (De lo buenas que sean las infraestructuras dependerá también el alquiler y el precio de las viviendas que las rodean).

Casi querríamos decir, que un uso inadecuado y desproporcionado de los medios de transporte y de su funcionalidad son los que causan ese efecto de «superación» del espacio. Lo que se ha invertido es la relación entre necesidad y deseo. Por supuesto que es natural que haya determinados momentos y actividades, en los que el papel de los espacios pase a un segundo plano. Tal es el caso, por ejemplo, de las operaciones de rescate o de determinadas formas de garantía de suministros. Pero esas son situaciones que no deben perpetuarse. Significaría que en cada instante sigue activado un estado de emergencia. Sin embargo, hoy día los vuelos vacacionales se asemejan a una huida y los viajes en coche tienen un aire de medida de primeros auxilios, porque, una vez superada la «emergencia», de nuevo hace falta crear espacio.

La creciente coincidencia entre la digitalización y los medios de transporte va a acabar desvelando un acceso al mundo totalmente nuevo.

Pero antes de dar un paso más, queremos mencionar brevemente el estado excepcional del tráfico durante el confinamiento de la pandemia. Debido a que entonces se pensaba (y se sigue pensando) en categorías de relevancia sistémica, se limitó el tráfico normal casi en su totalidad. Durante algún tiempo, incluso, se suspendió del todo el tráfico aéreo. El efecto visual resultó impactante, pero aún mayor fue el impacto sonoro. Todo en las ciudades se volvió más atenuado, silencioso y tranquilo. Cesó su típico bullicio, permitiendo a otras «fuerzas» salir a la luz. Aparecieron animales inesperados en medio de las calles.

Pero la nueva situación no trajo ni grandes modificaciones ni deseos de cambio. A la gente la situación le resultaba incómoda. Por eso, solo se hablaba de la necesidad de sobrellevar, superar, este «estado de excepción» y «volver a la normalidad». Las calles aparecían vacías, pero sin el potencial de la posibilidad. Se habían quedado huérfanas. Nadie se adueñaba de ellas.

Cuando hablamos de la desvirtualización de los espacios, esta también la podemos encontrar en el ámbito de la cultura de la escritura. Mediante la escritura —también aquí debemos destacar su modalidad mecanizada— se han distanciado entre sí los extremos de la comunicación que antiguamente necesitaban compartir un mismo espacio. Para ello, se transforma la señal acústica, eliminando de su código la referencia espacial. Esto ocurre de tal manera, que la información en sí misma se abstrae de su propio espacio para adaptarse a una determinada «infraestructura» física. En el caso del libro, se tiene en cuenta que este va a pasar de espacio en espacio, por lo que se presta mucha atención al diseño de la edición, el cual, además, incluirá información sobre la editorial, así como sobre el autor o autora del libro. Las cartas privadas están fundamentalmente personalizadas, sobre todo mediante la letra manuscrita. En cambio, aunque intentan aparentarlo, los WhatsApp no están personalizados. Lo digital homogeniza las modalidades de la escritura y, por lo tanto, se desvincula de lo que es privado. Sin embargo, existe una preocupación por la pérdida de la dimensión personal. Esta se puede apreciar en la cantidad de tipografías nuevas que surgen y en otros intentos de personalización que, no obstante, no dejarán nunca de ser una tipografía estandarizada (siempre me acuerdo de McLuhan). Por el contrario, generalmente las cartas están dirigidas a alguien y contienen casi siempre un saludo personalizado.

No ha sido hasta la irrupción de la digitalización, que el correo basura ha adquirido una dimensión desbordante. El *spam* no tiene ni remitente ni destinatario. Las informaciones contenidas en esos escritos se diluyen, son de tipo impersonal. Pero debido a que aparentan estar personalizadas, aún tienen la capacidad de penetrar en la esfera íntima del destinatario o de la destinataria, si se les da pie a ello. Por eso, para que los *spam* tengan éxito, muchas veces se «enmascaran» utilizando alocuciones directas o aparentes referencias a asuntos pasados. Además, los correos *spam* y otros escritos ya ni siquiera los redacta una persona, no llevan ni siquiera una firma. Y ni siquiera se puede responder a ellos («donotreply@... »). A menudo están escritos por máquinas o robots. Este fenómeno también se ha ido introduciendo paulatinamente en la cultura telefónica. Las empresas trabajan con sistemas de contestador automático. Pero los robots y las máquinas no pueden tener un espacio.

Debido a la pérdida de lo que antes era un espacio compartido —inherente a la emisión y recepción— el proceso interpretativo de la información transmitida ha quedado fundamentalmente reformado. El espacio ha de ser superado, la interpretación tiene que entender la reubicación. Los espacios permanecen separados.

A diferencia de los medios de transporte, casi siempre es posible integrar lo escrito en espacios, llenándolos respectivamente, pero siempre y cuando aún sea posible hacerlo de forma personalizada. Para ello es necesario realizar su contenido, apropiarse de él. Así, solo una vez recibido, adquiere lo escrito, su relación con el espacio. Su incorporación en dicho espacio es un proceso activo de los usuarios, puesto que el propio idioma no es solo un instrumento para la superación de las distancias y la transmisión de informaciones —

quiero decir, un instrumento de superación del abismo intersubjetivo—, sino que está asimismo al servicio del proceso de comprensión individual. Mediante este proceso, la distancia entre dos personas puede tender a cero. La coincidencia en la comprensión genera un espacio. A la inversa, también es posible adquirir espacios —quizás sea mejor hablar de integrarse o introducirse en ellos— mediante el conocimiento de idiomas. Esto es aplicable no solo al idioma «recibido» en la infancia, sino también al aprendizaje de nuevos «idiomas» de todo tipo, véase el lenguaje de la danza, la música, las matemáticas, la física, las artes pictóricas y escultóricas... Cada traducción nos distancia más de lo transmitido, pero también de sí misma. De ahí surge el efecto de no lograr entendernos ni a nosotros mismos cuando emitimos un juicio de valor estético, ético u orientativo. Solo comprendiendo verdaderamente las cosas es posible que estas puedan desplegar su belleza. Solo así adquiere elegancia algo que hasta entonces parecía basto: solo porque empezamos a comprenderlo.

La comprensión es algo multidimensional. En ella, el espacio se despliega. Las ciencias (seguidas por los colegios, las academias y las universidades) se equivocan al separar en disciplinas individuales la comprensión de las cosas. No hay un lenguaje universal, pero tampoco hay fronteras exactas entre los distintos lenguajes que pudieran impedir una transformación. (Con mucho gusto me remito aquí al ensayo «La ética de la escucha» del presente libro).

La digitalización de los idiomas en cierta manera los universaliza. Esto, sin embargo, ocurre a un nivel que solo llegan a comprender y a utilizar en profundidad algunos pocos expertos. Los códigos decisivos —los algoritmos de Google, por ejemplo— son incluso secretos.

Sin embargo, Internet también es el mayor instrumento de división social a causa, precisamente, de los algoritmos que utiliza. La traducción de las informaciones siempre es tendenciosa y autorreferencial. Por eso, ni siquiera debería hablarse de «traducción». Y mucho menos de «interpretación».

En la actualidad, hablamos pública y abiertamente de los «ecos del lenguaje», de «espacios de resonancia» o de «burbujas de conocimiento», pero lo hacemos desde su propio interior. Estos fenómenos no crean distancias, «son» distancia. El distanciamiento de las personas entre sí hace que sus acciones se vuelvan tácticas. Ya casi no se trata de contenidos, sino de la localización recíproca, del posicionamiento ventajoso en todos los sentidos y de la generación de atención (véase el ensayo «Visibilidad» del presente libro). Mientras se reparten abrazos, la mirada ya apunta más lejos. Las cosas que se dicen son efectistas. Casi todo lo que hacemos está sometido a una cuantificación. En adelante, ya no se trata más de quién me ve y cómo me ve, sino de «ser visto».

En el ámbito de la grabación acústica se da una transformación similar a la que sucede en la cultura de la escritura, pero la distancia entre emisor y receptor es aún mayor. El vínculo espacial del sonido que transporta mi terminal acústica y que estoy escuchando ha sufrido una transformación múltiple, que va, por ejemplo, desde la habitación del compositor a una sala de audición (nuestro salón, por ejemplo) tras haber pasado por un estudio de grabación. En el momento, en el que se escucha la grabación, el espacio se transforma. Los estímulos acústicos se refieren ahora a una dimensión espacial totalmente diferente. De esta manera, también se han transformado las informaciones acústicas.

El (buen) compositor o compositora es capaz de incluir en su pensamiento los espacios posibles. Incluso compone para determinados espacios. Un (buen) productor o productora puede pensar con antelación los espacios posibles, de manera que la calidad del sonido se anticipe el espacio. Al hacerlo así, hay espacios que pueden resultar discriminados.

También el sonido ha sufrido, por consiguiente, una transformación de su esencia, al haber sido trasladado de un estímulo acústico a datos magnéticos o digitales. Al tono real y a su calidad —si es que existieron alguna vez— al parecer se les asigna a continuación una determinada función. A la realidad se la utiliza. Por eso, en ocasiones, la aproximación exige una gran alienación. Esto es algo parecido a la fotografía de productos.

La pasión por los discos de vinilo es un resurgimiento romántico en pos de lo original. Al igual que las giras de los conciertos, que siempre se repiten, pero cada vez en un sitio diferente. Sin embargo, la tendencia va en dirección contraria. Las plataformas musicales destripan los conceptos generales, socavan el *artwork* y la personalización.

Es en el ámbito digital donde la transformación del espacio tiene su propio peso. Lo digital no solo afecta al espacio, sino que también modifica su calidad. Al espacio se le ha extraído la realidad. Incluso se le ha robado su carácter genuino que consiste en la extensión.

Lo digital todo lo reduce literalmente a tensiones eléctricas. A esta conquista digital le precedió la tele-visión, con su capacidad de contener y modificar la distancia, así como de privatizar experiencias distanciadas. El cine aún constituye un lugar de encuentro para socializar y para interpretar el espacio urbano. En cambio, la televisión extrae de las retransmisiones su elemento de sociabilidad.

La digitalización lo aplasta todo en un sistema binario. Pero más que traducir el cosmos, ha creado uno propio, que sobrescribe el mundo real. En su sencillez, el sistema binario es imbatible. Incluso las «aplicaciones» cada vez se olvidan más de que son binarias. Muchas veces ya hasta falta el botón del «no me gusta».

Ahora, tanto el mundo como el ámbito de la experiencia son virtuales. En su virtualidad conquistan las realidades sin pasar por fases transitorias, de manera que el tránsito de lo real a lo virtual casi resulta imperceptible. Con lo digital no estamos en ningún lugar, y mucho menos, en un espacio. En realidad estamos en ninguna parte. Pero nunca estamos realmente en ninguna parte. Por consiguiente, se socava la integridad de la persona. En el ámbito de la sociabilidad este fenómeno aún es más patente. El último umbral es el terminal digital. Se trata de una infraestructura que se intenta configurar intuitivamente. Por eso, solo los usuarios y usuarias inexpertos notan las incomodidades de traspasar el umbral. Debido a que el mundo virtual está implantando su hegemonía sobre el real, el dispositivo terminal ejerce una presión selectiva. Además, el ámbito de posibilidades de los dispositivos, así como de la configuración del mundo virtual están en muy pocas manos. Ahí es donde se nota su subida al poder. No les interesa el hecho de que el ser humano deriva su autoestima (yo diría incluso que prioritariamente) de sus contactos sociales reales.

Los fenómenos culturales no solo amplían el conocimiento, sino que también generan una identidad individual y colectiva. Sin embargo, se los denomina despectivamente «industria del entretenimiento». Aquí, el término de «industria» traiciona al entretenimiento. La cultura proporciona una orientación que las religiones, en sentido estricto, no pueden ofrecer. Pero aún más importante es la formación de una identidad. No me refiero aquí a la cultura como referente colectivo, sino del intento de desarrollar una personalidad a partir de la creación cultural. Por esta senda no puede caminar ningún ser humano que se limite a ser receptor o receptora. Por eso tampoco puede hacerlo siendo solo consumidor o consumidora. Se trata de una forma de participación, de colaboración, que lo hace a uno como persona. Por eso, las grabaciones ya nos están distanciando de la creación cultural. Escuchar un CD, ver un vídeo o peor aún, hacerlo desde algo tan absolutamente desmaterializado como una plataforma de *streaming,* no es participar. Aquí apelo a esa palabra tan frecuentemente citada de la «inmersión». La participación debería denominarse «ser parte». Esto solo puede ocurrir analógicamente. Las grabaciones solo deberían servir para superar las barreras insuperables, como, por ejemplo, la del tiempo.

Con ello no me remito al aura benjaminiana del original, sino a la originalidad en la participación. Quien actúa (tomemos, por ejemplo, un músico o una música, un *performador* o una *performadora,* un actor o una actriz de teatro, pero también la textura de un cuadro) es, en el mejor de los casos, un impulsor y, a pesar de ello, solo es una parte, aunque sea el núcleo de la *performance.* También los demás presentes, en el mejor sentido de la palabra «presente», son una parte de la performance, configurándola en todo momento. Todos forman, por consiguiente, una identidad que puede ser efímera, pero que se corresponde con lo más profundo del sistema de sociedad democrática. La cultura de masas, por el contrario, distancia a los actores entre sí, incluso en eventos en directo.

La virtualidad también lleva a la clausura de la cultura juvenil, la cual, había sido previamente configuradora del espacio. Practicar el skateboarding, hacer grafitis... El lenguaje de la juventud ya no tiene fuerza de persuasión. En lo digital las plataformas simplifican las formas de expresión o ahogan sus ramificaciones mediante las limitaciones funcionales. La cultura de la juventud está, por consiguiente, pre-economizada. Ya solo se manifiesta en su extensión, es decir, se cuantifica y se alela. Los parques expresamente diseñados para los *skaters,* las paredes disponibles para los grafiteros y los trabajos de encargo han sido los precursores de estas trabas a la voluntad de ser innovativos y creativos. Esa toma de control y ese apaciguamiento que eran como una especie de venganza, han llegado a su plenitud en lo digital.

Intermezzo: En la investigación se ha descubierto, que hablar de «digital» también es una metáfora. «Digital» significa: «Perteneciente a los dedos». Esto despierta asociaciones fantásticas.

Lo digital siempre te despega del lugar físico, en el que se encuentra tu cuerpo. Ese movimiento mecánico de coger el móvil cuando alguien se levanta de la mesa de una cafetería, ya te está robando tu espacio. El uso del terminal rompe el espacio social. Para los que lo observan, incluso el espacio personal. Ahora ya solo está vigente el lugar. Este se puede explotar económicamente. El espacio, no.

Lo mismo ocurre con la mirada fija en el móvil, atraída por cualquier tipo de alerta: de sonido, luz o vibración. Las conversaciones tienen lugar a unas distancias —cuyo significado cualitativo y cuantitativo casi siempre se ignoran— que también alejan a quien está físicamente presente. Las conversaciones convertidas en *chats* de WhatsApp agudizan la distancia.

Cada intento personal por superar estas distancias en el ámbito digital, se queda colgado en la superficie, aunque las grandes compañías titulares de las denominadas redes sociales pongan a nuestra disposición una amplia oferta digital para lograrlo. Hablan de «amigos», de «me gusta», de «comentar», y el espacio compartido se limita a la denominación «mi estado». Pero ya no compartimos los unos con los otros ni tiempo ni espacio. Digitalmente no es posible compartir un espacio con los demás. Lo han segmentado, en dígitos y píxeles. Se ha cortado en pedazos la verdadera percepción. Esto explicaría la ansiedad por enviar de inmediato fotos de los lugares, en los que uno está. Como si así fuéramos capaces de atraer al interlocutor hacia nosotros. Enviamos fotos o vídeos de lo que comemos, de los éxitos logrados, de los momentos especiales del día, los cuales tienen que ser si no sensacionales, como mínimo visualmente atractivos. Todo está organizado de manera que nuestro interlocutor «participe» en dicha comida, esté ahí también y sienta lo mismo que nosotros. Naturalmente, esta forma de generar participación está sometida a una reducción y selección perversas. Esto se debe, principalmente, a los medios utilizados, pero también a las plataformas a través de las cuales se transmite dicha «participación». Al mismo tiempo, estas han de generar muchos *likes*, comentarios o visualizaciones, lo que requiere un nivel más avanzado de selección. Nos hemos convertido todos en agentes comerciales de nosotros mismos.

Y, a pesar de todo, los demás están distantes y se mantendrán así de apartados. La acción de enviar exige la distancia que presupone la ausencia. Las reacciones son cortas, rápidas, instantáneas y no emiten una resonancia. Son efímeras. Lo que dejan tras de sí es una insipidez social. No voy a saborear tu comida. Tampoco puedo oler la marea alta o sentir tu miedo. No percibo el calor del sol. Con la reducción a lo inmediato incluso se amplía la verdadera distancia entre las personas que consultan las mismas plataformas. Además, la participación personal en los acontecimientos que se envían o *postean* siempre es en principio dudosa. Lo mismo ocurre con la cualidad y la cantidad de lo mostrado debido a las posibilidades de manipular las imágenes digitales. La virtualidad impregna la realidad con una duda permanente.

De ahí surge la falta de empatía «moderna», pero también la superficialidad que se percibe en los abrazos y en otras formas de comunicación afectiva. Ya solo existe el yo segmentado, cuya identidad hay que poner en duda y cuyos vínculos sociales son irreales.

Ya no queda espacio. Ya todo son lugares con unas fronteras trazadas con afilada precisión. Una persona *postea* algo desde un lugar y en otro lugar, imperceptible para ella, se comenta lo *posteado* o se le dan *likes*. (Que haya que usar términos del inglés ya nos dice mucho sobre su nueva cualidad, ya que en nuestro idioma tenemos suficientes términos disponibles: colgar, señalizar, anunciar, publicar etc.). La conversión de las denominados datos en un sistema de información binario seguirá siendo un misterio para la mayoría de la gente. De esta forma, los datos se despersonalizan. El *message* del *post*, así como las reacciones al mismo no tienen ni cuerpo ni espacio, podrían pertenecer a robots, de hecho ya es así con cada vez más frecuencia (véase arriba). Se ha nivelado lo que diferencia entre sí a las personas que participan en lo digital.

Esto se ve, sobre todo, en los *likes*. No se diferencian unos de otros. Los *likes* no reflejan ninguna información acerca de si tuvo lugar una percepción ni acerca de cómo fue esta. Sugieren que todos albergan la misma intensidad, cualidad, bondad y amor. Debido a que las plataformas utilizadas son las que configuran las modalidades de reacción, lo que precisamente hacen es deformar su personalidad. Por consiguiente, la virtualidad del espacio también ha hecho desaparecer a los actores. Cada vez da más igual quien reacciona. Por otra parte, la reacción digital es más significativa que la personal. Este efecto se ve además potenciado por la circunstancia de que la mayoría de las reacciones, así como de los *posts* se encuentran prácticamente a disposición de todo el mundo a través de servidores desconocidos. Esto socava lo privado (www.dwds.de / www.rae.es: privado: 1. Adj. Personal, reservado, que no es de propiedad pública o estatal; de exclusiva propiedad individual o colectiva; 2. adj. (s. XVI) del latín «*prīvātus*», privado del poder del soberano, desprovisto de Estado y de lo público; 3. Derivado del participio latino «*prīvāre*», despojar, liberar, apartar; 4. Derivado del latín «*prīvus*»: para uno mismo, individual, propio, reservado. Véase también «privilegio»). Las reacciones digitales arrastran lo privado a lo público. Lo privado, sin embargo, necesita un espacio. Lo social necesita un espacio compartido. Ambos necesitan un espacio real. Por eso el término de «red social» es como el denominado «fraude de las etiquetas». Lo que es necesario es percibir el espacio con todos los sentidos. El verdadero espacio es el aire que respiramos, que sentimos en la piel; es el suelo que podemos pisar y tocar; es el sabor y el olor de las cosas que nos rodean. El espacio se crea en la incorporación.

Ahora, este espacio nos falta. El efecto adictivo de lo digital se genera precisamente a causa de dicha insatisfacción. Lo digital genera una carencia basada en la diferencia entre lo que se necesita y lo que se entrega. Pero lo único que ha hecho la digitalización es apropiarse de los términos reales, transformarlos y sacarles provecho para sí misma: amigo, abrazo, grupo, gustar, invitar, mercado, contacto (así, dicho en nuestro idioma, pero extranjerizado mediante el inglés). Lo digital ha distanciado a la vida de su acceso a la realidad y la ha virtualizado. Entonces, parece que hay que reestablecer la realidad, filmándola o fotografiándola y poniéndola, a continuación, a disposición del público. Pero precisamente aquí parece que nadie se da cuenta de que justo eso es lo que hace irreal lo acontecido. En realidad, la plenitud que genera lo digital es un vacío; la supuesta participación es ausencia, el *like* es indiferencia; el «aquí» es un no-lugar y el «ahora» es un no-tiempo.

Puesto que la digitalización también viste al tiempo con un traje nuevo, el tiempo se convierte en una estructura puramente física que se puede desplazar, estirar y comprimir. Mediante su previsibilidad el tiempo se vuelve apto para su comercialización. No tiene plenitud o cualidad. No está atado. Se podría decir que simplemente «pasa». En cambio, el tiempo cualitativo no «pasa», permanece. Te plenifica. Por eso, hoy día se aprecia el «quality time», un tiempo, al que también se le ha puesto una etiqueta. De esta manera se sugiere, que no todo el tiempo puede ser así.

Creo que esto es una mentira económica. Así, la calidad del tiempo se puede comercializar, ya que hay que añadirle algo al tiempo para que sea cualitativamente exigente. De esta manera se normaliza la carencia. Todo lo demás son solo remedios.

Esto, por otra parte, se proyecta en el espacio, puesto que el espacio quiere tiempo o «exige» que diseñemos el tiempo de manera especial. El equilibrio perfecto de su recíproca influencia es lo que constituye el bienestar de los partícipes. La ruptura consciente de este equilibrio puede conducir a una reorientación y puede expresar una crítica (véase al respecto, por ejemplo, la *performance* de *Holger* de 24 h de duración: https://www.youtube.com/watch?v=Gy8hpD_7erk).

Al parecer, solo hay una existencia en sentido verdadero —y probablemente mucho más en sentido heideggeriano—, cuando las situaciones han sido escogidas y a veces incluso conquistadas. Esto es algo que toca aprender. Para ello hay cursos y talleres. En ellos, se nos enseña a ejercer la atención, la fuerza de los sentidos, la autorreferencia, la frugalidad, la consciencia plena, la concentración, y la sensibilidad consciente. Los talleres son reales, pero no consiguen generar una experiencia consistente de la realidad. La mayoría de las veces, necesitan una repetición constante, porque tampoco generan una permanencia.

Debido a que la opinión pública promociona excesivamente lo digital, resulta difícil escaparse de todo lo dicho. Entretanto, ya hay ámbitos que se han digitalizado irreversiblemente. A raíz de ello, la digitalización incluso adquiere un fin en sí misma. Aquí se hace patente el desplazamiento que se ha producido en la percepción de la realidad. Yo diría que los colegios sufren bajo esta situación. Ya no tienen fuerzas motivadoras que antepongan las experiencias reales a las de la realidad digital (pero no vamos a discutir aquí, si con ello han cambiado el conocimiento y la forma de relacionarnos con él).

El espacio de los paseos resonantes es una contrapropuesta, hecha precisamente en esa fase álgida de lo digital que fomentaron los confinamientos.

Por eso, emprendimos paseos extemporáneos, sin un objetivo ni un marco temporal definido. De por sí los paseos —y más aún en tiempo de pandemia— no son particularmente innovadores, pero los nuestros tampoco tenían porqué serlo; lo que esperábamos de ellos era que nos ofrecieran una posibilidad. Los paseos son silenciosos, lentos, no aíslan y precisan de la intervención del cuerpo.

Para nuestro día a día significaban, además, un cambio de perspectiva.

Era como si lo apagáramos todo, pero, sobre todo, apagábamos una vida rutinaria y cronometrada. La pandemia nos pudo aportar una buena plantilla para ello, debido a que nuestras agendas se quedaron extremadamente vacías y a que se paralizaron (también literalmente en el mejor sentido acústico) otra serie de cosas como el tráfico aéreo o el tráfico laboral, por ejemplo.

El camino a nuestros paseos lo hacíamos en coche o en bicicleta. Así, ampliábamos nuestro radio de acción. Preferíamos ir a sitios que no conocíamos. Sin embargo, nos acompañaba una sensación incómoda por un doble motivo: por un lado, porque estábamos usando la bicicleta y el coche como meros instrumentos, y, por otro, porque consideramos sobre todo, que el coche es algo equivocado. El medio de transporte siempre es algo político, económico y ecológico. El tráfico existente (en aquel tiempo bastante menguado, como ya se ha dicho) determina siempre el avance propio. La infraestructura disponible es una elección previa de cara a posibles movimientos futuros. Porque les adjudica a los distintos usuarios un lugar, unos tiempos e incluso los ordena en forma de lista de preferencia. Esta lista es la causante del comportamiento agresivo en el tráfico público, debido a que hay algunos usuarios que se sienten directamente subordinados a ella y, por consiguiente, también se sienten a merced de una fundamental hostilidad agresiva. De ahí las manifestaciones de terquedad, así como las reacciones defensivas. Los usuarios privilegiados aceptan su papel y, además, con él se sienten emocionalmente realizados. Esto se nota también y sobre todo en las protestas contra la limitación de la velocidad o contra otras medidas que se consideran limitaciones, como los cortes al tráfico en determinadas carreteras o la subida de los peajes. La producción de coches sugiere, por el contrario, una libertad que, de hecho, no existe. Sus motores son demasiado potentes, su invulnerabilidad es una ilusión. El SUV es pura vanidad. Vemos pues, cómo desde la infraestructura se llega a un orden social.

La primera elección —siempre y cuando se tenga realmente una— que uno hace al participar en la vida social es la de la integrarse en esta jerarquía. Precisamente esta es la razón, por la cual esta se identifica con los medios de transporte. Uno es, en definitiva, conductor o conductora de bicicleta o de coche, etc. La potencia de un coche grande parece trasladarse directamente al conductor o a la conductora, al igual que la deportividad o la adecuación de una determinada bicicleta para circular por la vía urbana. Por lo general, se considera, además, que la elección es voluntaria.

Junto al elemento social, la elección del medio de transporte también determina otros aspectos: la velocidad que se puede alcanzar, el radio posible del movimiento, otras circunstancias especiales (por ejemplo, hasta qué punto se está a merced del clima o de un trasfondo ruidoso), determinados efectos secundarios (esfuerzo, limpieza), pero también los posibles caminos que se pueden transitar en coche o a pie.

Sobre todo cuando vamos en coche, notamos las posibilidades limitadas de movernos por determinados caminos. El coche sugiere una libertad que, sin embargo, se congela en la regulación. Se podría decir, que hay demasiada gente que se ha tomado la libertad de moverse, por lo que hay que canalizar y detener esa libertad. Por consiguiente, al coche se le indica todo el tiempo, por qué carreteras o calles puede circular y por cuáles no. Se te dice en qué dirección ir y a qué velocidad puedes conducir. En el caso del coche, esto puede llegar a sacar de quicio. Las posibilidades latentes que percibe un conductor o una conductora de coche (promocionadas por la publicidad, las películas y en particular por las características del vehículo) casi no se pueden vivir al máximo en ningún momento. Continuamente se están cuestionando las limitaciones. Por eso, hay en Alemania una fuerte oposición contra el límite de velocidad. Se sigue proclamando constantemente la supuesta libertad, aunque las autopistas estén casi siempre llenas y no sea posible circular a la máxima potencia por razones económicas y ecológicas. (Esto se nota precisamente en Colonia, en donde no es posible ir conduciendo tranquilamente, por ser nefasta la coordinación entre los semáforos y por ser cada segunda calle unidireccional. Colonia es una ciudad, en la cual no se ha dado la preferencia a ningún medio de transporte, por lo que, al final, sufren todos. Para eso están algunos deportes que nos sirven de desahogo) El medio de transporte se convierte en el mensaje (McLuhan). He aquí la razón de nuestro replanteamiento de las cosas y la de nuestros paseos resonantes.

Por los motivos mencionados, a menudo solo nos aproximábamos en coche a los sitios. Y continuábamos caminado mucho. Los caminos a pie o en bicicleta no estaban planeados. Nos dejábamos llevar. No utilizábamos el transporte público. Ir a pie o con la bicicleta genera una sensación alegre de libertad. Ni siquiera teníamos que arrastrarnos por el sotobosque, sino que podíamos seguir principalmente los caminos ya trazados. Estos dos tipos de locomoción no están tan encasillados como conducir un coche ni tan sometidos a horarios como el transporte público. Y ambos, sobre todo la marcha —o mejor dicho, caminar—, son maravillosamente lentos.

De esta manera, nuestros caminos tenían algo silencioso, parsimonioso, pero, en cierto sentido también artificial. Además, en ellos ya estaba inscrita la temporalidad. Holger era aún más consciente que yo de que la posibilidad de desarrollar e impulsar nuestro proyecto se debía principalmente al confinamiento forzado por la pandemia. Nos aprovechamos de esta circunstancia excepcional, avergonzándonos un poco por haber necesitado ese estímulo externo. Por otra parte, necesitábamos esta plataforma. También estamos convencidos, de que aquel tiempo nos transformó. Como pudimos comprobar más tarde con amargura, el fin del (primer) confinamiento también fue el fin de los paseos resonantes en su forma pura. Pero podemos afirmar con orgullo, que esto solo afectó a los paseos resonantes desde un punto de vista práctico, puesto que siguen vibrando dentro de nosotros. Ahora escribimos de otra manera, nos movemos de otra manera y nuestras ideas aún se fundamentan e inspiran en aquellas impresiones. Nuestra amistad es otra, aunque hayamos recorrido caminos totalmente diferentes desde entonces y nos hayamos visto muy poco. Después del primer confinamiento, los acontecimientos, las vivencias, las citas, el trabajo y el día a día nos precipitaron fuera de este estado de consciencia excepcional. Nunca había sentido con tanta intensidad lo pegados que estamos a nuestro orden diario, establecido, a su vez, por el orden económico. Yo no tengo ningún problema con el día a día. Me gustan las rutinas y la uniformidad. Pero, de pronto, me sentí aprisionado en una red que parecía cerrarlo todo dentro de sí. Como una soga que se coloca alrededor de todo, se mete en los huecos más pequeños, arrastrándolos hacia sí. Y que, dicho sea de paso, lo convierte todo en dinero. Como he podido aprender de las charlas con mis amistades, el dinero no es más que deuda. Puede ser que lo que habíamos sentido, cuando íbamos por los bosques brujuleando y jugando, hubiera sido la cancelación de esa deuda.

En este sistema, la ociosidad no puede ser una forma de vida, sino que es una interrupción de la productividad. La ociosidad es tan subversiva como la lentitud. Si eres una persona ociosa, no sirves para nada. No eres productivo (www.dwds.de / www.rae.es: del lat. *prōdūcere* (*prōductum*) 'procurar, elaborar, provocar , desencadenar', (latín eclesiástico de la historia bíblica de la Creación), 'rendir fruto, originar'; del. lat. *dūcere* 'dirigir, conducir'). La teoría del mercado definiría lo que hacíamos con el concepto de efímero. Aunque sí que teníamos un anhelo de perdurar. Por eso es por lo que grabamos vídeos, hicimos fotos y hablamos de posibles usos posteriores. Además, escribimos este libro.

La ociosidad tiene espacio. La ociosidad es espacio. Sin espacio, es consumo. El espacio de la ociosidad nos lo hemos credo con los paseos resonantes.

Holger y yo intentamos conservar ese espacio en la resonancia de los paseos resonantes. Quiero repetirme: los medios de transporte no dejarán nunca de tener una componente política, económica, ecológica y antropológica. Nuestros paseos resonantes muestran la posibilidad de una creación artística y cultural libre de toda injerencia económica. Y en el eco que dejaron, Holger sigue intentando crear un arte que no acabe convertido en producto. Se sopesan formas de pago, así como estructuras para los escenarios y para articular la relación entre el productor y el público. El espacio se encuentra en una estrecha relación de reciprocidad con los *performances* de Holger. Ya hablamos de ello con anterioridad. Además, Holger intenta eliminar la electrónica de sus *performances*, de manera que sean más ecológicas, al hacer uso de un material sostenible y renunciar a materiales añadidos. Su actuación más «radical» hasta el momento es la titulada *Our analogue me,* en la cual no estaba permitido usar medios digitales y en la que se prescindió del todo de la electricidad.

Los demás caminos que va siguiendo son de esta índole. En todos sus viajes intenta comprender el espacio en su multidimensionalidad. Sus viajes se vuelven más reales, lentos, sostenibles, reflexivos, plenos y exigentes. Su equipaje se ha vuelto extremadamente ligero. Y lo mismo ocurre con sus instrumentos musicales. Sus residencias en Estambul, Kósovo, así como sus estancias en Grecia, Bulgaria y más tarde en Sudáfrica están bajo esa estrella.

Yo, personalmente, sigo otro camino. No obstante, el estilo de vida que llevo no está tan directamente involucrado con lo artístico. Además, viajar cada vez es menos prioritario para mí. Lo que hacemos mi mujer Mercè y yo son pequeñas excursiones a los alrededores. Ya que nos mudamos a Tarragona, exploramos su entorno. Mientras que ella antes había hecho viajes de largo recorrido, lo que ahora deseamos es explorar la ciudad y sus alrededores. Aquí la infraestructura está orientada, sin embargo, a los medios de transporte privados, lo que hace que sea muy difícil moverse sin coche.

Por eso, lo que intentamos en la ciudad es ser lentos. Lo que queremos es sondear sus posibilidades y sus vibraciones. Nos movemos mucho. Al hacerlo, lo que queremos es comprender el espacio. Percibir la ciudad como un corpus unitario. Sería fantástico, poder llegar a percibir todas las posibilidades del espacio. Esto es difícil de llevar a cabo en el día a día, si uno no se procura la «libertad» para hacerlo. Pongamos como ejemplo mi costumbre de ir por la ciudad siempre con una pelota de tenis cuando estoy solo. La hago botar y, entre bote y bote, la voy amasando. Y, en mi camino al trabajo, hay un punto maravilloso, en donde suena cálida y redonda. Es fantástico llegar hasta allí. En realidad, habría querido describir el tono detenidamente. Pero luego recordé que podía volver en cualquier momento. Además, su magia surge de no estar siempre disponible. Mis rebotes de pelota me muestran que caminar por las calles es una forma de escribir una partitura.

Cada vez entiendo mejor la razón, por la cual se entienden las calles como arterias. Esto no solo se debe a las fotos que tenemos de ellas, parecidas a las imágenes anatómicas de cuerpos. Son lugares de vida. El caminar desvela su condición de espacio. El caminar también descubre claramente sus carencias espaciales. En esos casos se los podría denominar no-lugares en el sentido de Marc Augès. El caminar desenmascara la agresividad de la utilización mecanizada de las calles. A pesar de ello, intento ir despacio, casi siempre a pie, y por eso estoy encantado con mi nuevo lugar de residencia que me lo permite. Solo así puedo adquirir para mí mismo una comprensión de la ciudad en tanto que espacio. A revés que Holger, para mí el radio del círculo ha de ser pequeño. Intento aprender a sondear mejor el espacio y, por eso, renuncio siempre que puedo al coche. También descarto volar, algo que también conlleva una virtualización del espacio.

Esto afecta naturalmente también a los trayectos para el avituallamiento, el cual también debe formar parte del espacio, porque tiene que ser realmente social. Para ello, hace falta que exista un contacto con las personas, los productos y con el ámbito del transporte. Los encargos por Internet, las grandes superficies, las rutas comerciales muy lejanas que se solventan mecánicamente, descomponen el espacio. El primer paso para la virtualización del avituallamiento fue la introducción del dinero. El producto que un consumidor o consumidora tiene en sus manos está desvinculado del proceso, del lugar y del método de su producción. Los materiales de los que está hecho el producto están «desespaciados». Los productores y los consumidores están distanciados entre sí. El producto, por consiguiente, no es perceptible. No podemos percibir todo el entramado del producto, se nos ha distanciado: su camino, su sudor, su esfuerzo. Solo así es posible entender que la crueldad pueda formar parte de la cadena económica.

La sostenibilidad, la protección medioambiental, el veganismo y las *supply chains* alternativas quieren hacer que el espacio sea perceptible y, por ende, comprensible. De manera que estemos conectados. En este punto, la pandemia resultó ser un instrumento de detección de problemas estructurales. Las cadenas de suministro que tenían muchos niveles y eran muy extensas, de pronto quedaron interrumpidas a causa de la decisión del confinamiento global. Los negocios del tipo *just-in-time* no pudieron ejecutarse más. Se hizo patente la dependencia de ciertos productos a determinadas fuentes de distribución. Los comercios deslocalizados tuvieron que someterse a reestructuraciones y modificar el formato de sus reuniones. Con las reuniones, las clases y la formación a distancia salió a la luz la existencia de una configuración geográfica que también está constituida por una brecha social. Las aulas minimizan las posibilidades de división, crueldad y discriminación, porque son espacios que no permiten la distancia.

Las redes digitales, por el contrario, no son capaces de generar espacios. No permiten una verdadera localización y nos alienan. Simplemente generan puntos nodales que nos son distantes. Y están sometidas a las transacciones dinerarias. Si tenemos en cuenta que también se digitaliza el dinero (y que por ello este está distanciado de sí mismo), se añade a la virtualización una alienación adicional. En consecuencia, por añadidura, la realidad que se ha reinterpretado virtualmente, también se ha ludificado.

Nuestro yo

Estar arrojado de vuelta hacia uno mismo. ¿Podemos estar también arrojados de vuelta hacia nosotros mismos?

Yo estoy arrojado de vuelta hacia mí mismo en el «nosotros» (véase *Our analogue me*). Esto es algo que requiere un esfuerzo, pero que a mí me alegra. En esto que estamos haciendo Holger y yo, estamos juntos. Así que no solo me alegra que Holger me haya atraído hacia este proyecto, sino también su presencia en él. Nuestro tiempo compartido es intenso. Cuando no estamos interpretando la resonancia de las cosas, hablamos sobre lo que interpretamos o sobre lo que ya hemos interpretado. También discutimos. Entre nosotros, todo es plenitud, hasta el silencio. Ningún tema es insustancial, y siempre tengo la sensación de llegar al fondo de cada cuestión que nos planteamos. ¿Qué es el amor? ¿Qué es lo que tiene que cambiar? ¿Qué significa serte «fiel a ti mismo»? ¿Qué es el lenguaje? ¿El ritmo? ¿La música? ¿Qué le está pasando al tiempo presente?

Ayer, día 18 de mayo 2020, entre otras cosas, se habló de la problemática del suicidio y de la responsabilidad que nos atañe al respecto. Se habló de cómo nos soltamos de las cosas y cómo nos aferrarnos a ellas. Y también se habló de cómo aceptarlas. Fue entonces, cuando Holger se refirió a una experiencia de juventud, cuyo impacto, aún a día de hoy, sigue resonando en su interior. Es evidente que es algo que le afecta profundamente. ¿Puede ser que algunas experiencias concretas lleguen a modificar o reestructurar nuestra forma de afrontar la vida? ¿O que se limiten a cuestionarla?

¿Qué es lo que despierta en Holger ese malestar que siente por una experiencia vivida hace 25 años? No se trataba en aquel entonces de «su» suicidio. Y al final, tampoco se llegó a la tentativa. El malestar de Holger se debe, más bien, al hecho de haberse encontrado en aquel tiempo «solo consigo mismo».

¿Por qué tuvo que vivir él aquella experiencia? La respuesta tiene que ser a la fuerza insatisfactoria. Todo lo que pasó entonces, se puede reconducir a la naturaleza tan comprensiva como empática de Holger. Un amigo, se expuso de una determinada forma ante él para confiarle esa categoría de dolor tan inmenso que conduce a la muerte. Es, decir, le enfrentó al dolor. Puede ser que en aquel episodio quedara reflejada la predisposición de Holger a colocarse él mismo al borde del abismo. Pero esta idea no le vino hasta 20 años después. No recuerda una sensación de predisposición, pero sí de algo cercano a una revelación íntima, a un descubrimiento interior. Es algo que él mismo descubre: una forma de autoagresión, cuya tensión también podría descargarse en un suicidio. A menudo, Holger parece tener como una melancolía crónica. A veces literalmente le «pesa» la tristeza. Sin embargo, a pesar de ello, irradia ganas de vivir y energía creativa. Está deseando ponerse en marcha, crear. Dice tener visiones… Y esta, es una actitud vitalista.

Ahora, si bien aquel peligro de suicidio del pasado, al que Holger estuvo indirectamente expuesto, está superado, aún no está desterrado del todo. Sigue vivo en él. Sigue vivo en él, no como un peligro virulento, sino como un sello, con el que ha quedado acuñada su forma de acceder al mundo. Holger se preocupa. Cualquier desviación de una estrecha normalidad se convierte para él en una señal de alarma. Hasta este extremo le ha marcado aquella experiencia. (Aunque Holger me ha contado repetidamente los detalles de lo que ocurrió, me doy cuenta de que no me acuerdo de ellos y de que tampoco vienen al caso). ¿Cómo nos podemos desembarazar de algo así? ¿Pero, de algo así «debemos» desembarazarnos?

Intermezzo —Este tema surge precisamente el día en que yo siento que vamos más alegres y ligeros que nunca, por una inmensa pradera verde y bajo el sol más brillante. Sobre nosotros cae una alegre lluvia de florecillas.

Mi primera reacción consiste en animar a Holger a rastrear estas señales de alarma que percibe, pero también a conservarlas. Pero me doy cuenta de estar sobrepasado, me siento impotente, y lo que me sale es una broma tonta.

Mi tensión se descarga algo más tarde con las baquetas de aire de Holger, unas varas largas y flexibles, con las que hago vibrar el aire sobre la maravillosa pradera del jardín botánico-forestal, en el que estamos. Me acuerdo de los movimientos de nunchaku que en alguna ocasión había aprendido de manera diletante. Les da a las baquetas un movimiento dinámico, rotatorio, además de redondo. Aunque aquel día me agoté en seguida, es algo que siempre me aporta sosiego mental. La longitud de las baquetas «obliga» a realizar grandes arcos. Porque así lo quiero y siento, mis movimientos tienen la misión de retener la ligereza del día, pero también la profundidad y el peso — la agresión también— de nuestro tema.

También Holger utiliza las baquetas. No solo hace que surquen por el aire a toda velocidad, sino que levanta polvo al barrer la hierba con ellas. Las imágenes que genera son fantásticas, dinámicas y, a la vez, tranquilas y efímeras. Las baquetas de aire distraen fácilmente del entorno, requieren atención. En otro sitio, se asemejan más a guadañas suaves que no cortan nada, pero sí que rozan las espigas. Son ligeramente amenazadoras.

Antes o después (en Nörvenich), desempeñarán un papel decisivo. Habrá otra ocasión, en la que la conexión amistosa se volverá para mí especialmente intensa, provocadora y fuerte.

En aquel presente, ambos estamos sentados, un poco sin aliento, algo exhaustos, a la sombra de un árbol de copa plana. La resonancia se va volviendo una impresión cada vez más intensa.

Lo que creo que Holger percibe es el «preocuparse-por», el «ocuparse-de». Pero, más allá aún, Holger percibe también lo definitivo, acompañado de una sensación profunda de que la muerte siempre es algo propio *(Je-Meinigkeit)*. La fuerza, con la que alguien *(Jemand)* sostiene y define con sus propias manos eso que le pertenece, llena al otro de impotencia. Y, de inmediato, me sumerjo en el mundo de las ideas de Heidegger, Sartre y Camus que me concede un espacio de protección. De los pensamientos no me escapo. Porque también yo he vivido de cerca el suicidio o la eutanasia de amigos, amigas y familiares. Se trata de una vivencia, cuyas referencias filosóficas la aproximan aún más a mí, reforzando su impacto. El espacio de protección se crea gracias al intento de encontrarle una explicación.

La fuerza del existencialismo reside en su aproximación a la muerte. (Incluyo a los tres mencionados filósofos sin distinguirlos nítidamente entre sí. Tengo una enorme reserva ante los «ismos». Porque siempre apuntan con mucha fuerza y luego no acaban de acertar nunca). Así, según Heidegger, el ser humano adquiere su particularidad y su especificidad esencial precisamente en la aceptación y la consciencia de la muerte, que es, en cada caso, única e individual. En Camus, en cambio, lo absolutamente prioritario es su rechazo. En consecuencia, la vida se encuentra entre la fuerza existencial de la muerte y el rechazo a esta. Por eso, el acto del suicidio tiene algo fundamentalmente humano, puesto que niega la humanidad o la diluye en un instante definitivo. En la muerte, el «yo» ya no «es». Lo humano desaparece en la descomposición de la carne. En esta paradoja queda atrapada esa persona comprensiva que aún sigue en este mundo. Por eso, pregunta por los motivos del suicidio. Pero un motivo equivaldría a una actitud vitalista. Y el suicidio, por el contrario, es la negación de la vitalidad. La verdadera razón, por la cual alguien se quita la vida, hace aflorar a la vida lo que no es humano.

De alguna manera, Holger es esa persona, que aún sigue en este mundo. Pero su caso es aún peor. Porque a la actitud de la «incomprensión» se le añade, amplificándola, la continuación de la vida de quien también deseaba morirse.

Nuestro día estuvo extremadamente cargado de energía. En mí, la descompresión se manifestó por medio de un tamborilear incesante. Mis manos no podían estarse quietas. Jugaba con las hojas de los árboles que nos rodeaban, con las baquetas clásicas sobre el banco o con las baquetas de aire. Experimenté los sonidos en distintos volúmenes y texturas.

Holger, por el contrario, se volvió más tranquilo, más callado. Él solo «trabajaba» con sus baquetas de aire. Quería estirarlas, porque se habían doblado por llevarlas en la mochila. Solo estando rectas, se podía tocar correctamente con ellas.

Llegamos a la conclusión, de que el viento en sí mismo no suena. Las que lo hacen son las resistencias que encuentra en su camino, las que a través de sus vibraciones generan el sonido. (Sobre esto Holger había hablado detenidamente con el mencionado amigo. Fue él quien puso a Holger sobre esta pista). Pero a continuación, el aire transporta al sonido. Su alcance dependerá de la consistencia del aire que lo lleva.

El sonido que hacen las baquetas de aire cuando se las mueve es, básicamente, el de un leve choque de canicas que se produce al chocar entre sí las cedras sintéticas individuales que miden casi 90 cm. Intenté evitar este sonido, porque quería generar un tono intermedio puro, pero no logré encontrar ninguna técnica para ello. De alguna manera, era posible minimizar el choque de las canicas permitiéndole al movimiento dejarse ir. Pero esto resultaba poco preciso. Ahora que escribo estas líneas, me acuerdo de que probablemente podría haber tenido éxito mediante una rotación en círculo a una velocidad constante, es decir, sin terminar el movimiento. Esto (sin embargo) hubiera llevado a un uso muy monótono de las baquetas: un movimiento circular constante a una única velocidad, un *flow*...

Ese día fue el primero, en el que probé a usar las baquetas de aire. Hace falta mucha energía y coordinación para poder manejarlas, y algunos movimientos me resultaron más fáciles, si los ejecutaba solo con un brazo. Holger me había enviado previamente el vídeo, en el que utiliza las baquetas de aire en la base aérea de Nörvenich, algo que me hizo recordar los movimientos procedentes de las artes marciales. Mi repertorio de dichos movimientos es limitado, pero, lo dicho: intenté practicar unas rutinas que conozco del nunchacku. Son muy energéticas, explosivas, pero también fluidas, de manera que permiten realizar giros sin interrupciones. Aquel día, hicieron flotar en el aire un zumbido constante que me gustó. A la vez, todo el cuerpo está en movimiento, entregado a él. Este efecto se potencia con naturalidad, cuando se usan ambos brazos.

Holger, por el contrario, impulsaba los suyos alrededor de su cuerpo, un movimiento que aumenta exponencialmente el sonido cortante. Las imágenes resultantes son fantásticas. En él, la interpretación se convierte en danza. De alguna manera, también interpretan los dedos de los pies, mientras que la mirada complementa los sonidos y los ritmos. En esto está bien que Holger no sea bailarín. Sus movimientos se mantienen poco perfilados, mientras que a veces los bailarines se mueven de una manera demasiado artificialmente técnica.

Algo más tarde, Holger utilizó baquetas de aire naturales. Se trataba de dos ramas, una más larga que la otra, de las que aún colgaba hojarasca. La forma, en las que las hojas se desprendían de las ramas cuando las agitaba por el aire, era una maravilla Como si añadiera una nueva dimensión, haciendo que el movimiento fuera aún más redondo y visible. De esta manera, el final de la performance estaba inscrito de forma natural en las propias ramas: las hojas volaron y se disiparon, se hizo un crujido rotundo y seco. Después, Holger cogió cada hoja con la mano, estrujándola y haciéndola migajas. Este lugar nunca más volvería a sonar como antes. Jamás una *performance* podrá ser más única que esta.

Así fue, cómo las baquetas de aire se convirtieron en el elemento fundamental del día. Más adelante, se utilizarían en una hierba más alta y para tocar con ellas una papelera.

Pero también forma parte sustancial del día el sonido de fondo siseante y vibrante de las autovías colindantes. Es un sonido desasosegado, cercano y demasiado fuerte, que molesta cuando penetra en nuestro presente entorno. Por eso, bajo todas nuestras piezas yace un fundamento amenazador que pocas veces conseguimos olvidar.

Después, nos vamos a casa. Cada uno por su lado.

Escuchar

«Quiero advertir y prevenir siempre: ¡Manteneos lejos!
El canto de las cosas me encanta escuchar.
Vosotros las tocáis: están rígidas y mudas.
Todas las cosas me matáis».

Rilke nos advierte de que definir las cosas es cubrirlas con un envoltorio inamovible (véase también Robert D. Laing: *Fenomenología de la experiencia*). Asimismo, advierte contra la Filosofía y la Ética.

Tomándome muy en serio esta advertencia de Rilke, a continuación me voy a referir en particular a la Ética en tanto que disciplina que apela de forma directa a la acción.

La Ética habla y habla... ¡La Ética habla tanto! Se diría que demasiado. Los que se dedican a ella pretenden afirmar y aclarar, pero lo que hacen es ocultar. Ocultan su propio objeto de estudio (y no en el mejor de los sentidos, como pensaba Rawles que es «el otro». En el fondo, son profundamente autorreferenciales, no necesariamente en lo que respecta a sus interpretaciones, pero sí respecto de su autoría. La amplitud de sus obras (porque su *output* es enorme) se nutre de lo que ellos denominan «conocimiento de la complejidad de las interacciones mundanas». Aparentan proceder dialógicamente, pero ya sabemos que hasta los diálogos de Platón eran debates ficticios. Sin duda, estos trabajos serían un ejemplo maravilloso de investigación en materia ética, si realmente tuvieran en cuenta tanto el espacio como los espacios entre caracteres o palabras que aparecen con tanta naturalidad en la Filología y en la Lógica, pero que no se encuentran en la Ética. Y ese vacío de la Ética tiene que deberse a la falta de escucha.

Los teóricos hablan, pero no escuchan. Que haya ocasiones, en las que sí lo hagan, es algo que no voy a discutir. Por lo general, no escuchan, oyen. Y, sin embargo, la escucha es un paso de gigante que llega aún más lejos: se constituye en intento de ecuanimidad. ¡Hay que tomarla en serio! Estamos ante una postura de humildad, en el sentido más positivo de la palabra. Porque toda interacción verdadera debe basarse en la escucha, debe acogerla en su interior, fundarse sobre ella y desembocar en ella. Por supuesto, para esto es necesario afilar el lenguaje, pero no de manera monológica. El lenguaje requiere de una profundidad que sirva como nivel de referencia a todo el parloteo que hay. Solo mediante un lenguaje diferenciado, es posible ponerse a la altura del carácter caleidoscópico de una interacción. Su primer paso, no obstante, siempre tiene que consistir en mantenerse en silencio. Pero tiene que ser un silencio «acertado», es decir, un tipo de silencio que entrañe un mutismo abierto a la escucha, en el sentido más amplio de esta palabra (véase John Cage: *Silence*). «Soy todo oídos» tendría que decirse de la siguiente forma: «Mis oídos están del todo contigo». Solo así puedo extraer a mi yo del discurso ético, de manera que el otro comience a emerger ante mí como una mariposa multicolor (*«Before I sink into that big sleep, I want to hear the scream of the butterfly»*; The Doors). Naturalmente, cuando hablo del oído, utilizo una *pars pro toto* para referirme a un aparato receptor ultracomplejo.

Para mí, solo hay un camino ético posible: escuchar O dicho de manera más poética: escuchar espiritualmente. (Volker Kühl: *Palimpsesto*). Y mientras escribo esto, hasta me da apuro el mero hecho de que yo lo escriba. Pero un parpadeo me hace recordar, cómo Brecht relata el nacimiento del Tao Te Ching, de manera que sigo escribiendo.

La escucha, —en tanto que placer de comprender al otro, que se refrena y aleja de sí mismo, que evita al yo (Roland Barthes: *El placer del texto*)— en principio no es una actividad y, sin embargo, es al mismo tiempo un acto lleno de riqueza. Por eso, nuestros encuentros deben estar inicialmente marcados por la inactividad. La escucha se entrega completamente al otro. Tiene el deber de fusionarse por entero con la voluntad de comprenderlo en toda su amplitud emocional, sensible y lógica. Por eso, preguntar es inherente a la escucha. Pero preguntar en el sentido de escuchar significa un contenerse, un no provocar ni presuponer nada. Normalmente, cuando se nos pregunta algo, la propia pregunta se responde así misma mediante una predecible interpretación de su respuesta. Se trata, por lo tanto, de una técnica que introduce al yo en el juego (véanse al respecto las reflexiones de Sartre sobre la cuestión de preguntar).

La escucha es lenta. La escucha es valiente. Pero, sobre todo, es silenciosa. Abarca silenciosamente el espacio (véase el libro *Silencio* de Volker Kühl. En él, se presenta un silencio agresivo: el silencio como instrumento de poder y de ocultamiento. El silencio también puede ser un infinito río hablado).

Asimismo, el acto de preguntar tiene que adquirir por consiguiente, la forma del silencio debido a que solo tiene que limitarse a permitir la escucha.

Hasta ahora, la pregunta que se hace la Ética es: ¿Qué debo, debemos o se debe hacer? Y yo respondo: «nada. No hagas nada». Dada la locuacidad que hoy día domina nuestra vida cotidiana, esto es casi inimaginable (véanse las obras de Byung-Chul Han sobre la digitalización). No hablamos aquí de una ética victimista ni ignorante, sino de una ética que se entiende a sí misma como configuradora de una conciencia apreciativa, que valora tanto a las personas involucradas como al entorno, al medio ambiente, etc. Es en el más auténtico de los sentidos un «tomárselo en serio». Aunque es entonces, cuando la ética puede mostrar su cara más caprichosa.

Contra esta reflexión se podrán argumentar al menos dos aspectos críticos (quizás incluso tres…). En primer lugar, esta «ética de la escucha» —se nos dirá— me paraliza en una situación que exige actuar y, por consiguiente, es demasiado lenta. No tenemos tiempo de escuchar. Esto es cierto, pero esta crítica se refiere más al aspecto de la moral. En el fondo, desenmascara una situación, en la que anteriormente no se escuchó lo suficiente.

Se trata de una crítica que sobre todo trae a colación situaciones de emergencia: por ejemplo, dos bañistas que se ahogan y solo es posible salvar a uno (usada contra Kant); cambiar las agujas de las vías para que el tren atropelle a un grupo de gente en lugar de a otro (diseñada para el utilitarismo); rescatar o derribar a un avión secuestrado (aquí se les reprocha a la Ética deontológica y a la teleológica su falta de previsión). (Véase Martin Cohen: 99 dilemas morales. Podrán comprobar lo reducida que ha sido mi selección de ejemplos).

Es un mito que haya otras «éticas» capaces de resolver estos casos. Solo ofrecen soluciones aparentemente satisfactorias. Un dilema, por su propia, naturaleza no puede ser resuelto.

El problema de los dilemas mencionados en los ejemplos casi siempre es que no pretenden resolver verdaderos problemas éticos, sino que se limitan a compensar unas vidas humanas con otras. Solo es posible resolver estos dilemas exclamando: «¡Haz algo para salvar a alguien! ¡A ser posible, a todos!» Pero los seres humanos y sus vidas no son compensables entre sí. Me gustaría recalcar con vehemencia que esto es aplicable a todos los seres vivos conscientes. Salva a uno de los bañistas, intenta parar el vagón, oponerte a los secuestradores de la manera más humana posible o liberar a los afectados de la forma más segura posible de la situación en la que se encuentran.

Yo solo digo que, si tuviéramos la oportunidad de escuchar a los involucrados, encontraríamos una solución. Pero probablemente habría sido necesario escuchar antes. Estas situaciones se suelen producir, precisamente, porque no se escuchó con antelación.

La segunda crítica se basa en el reproche de que no siempre se tienen los medios para escuchar. (A este tipo de crítica le suele acompañar la utilización de un lenguaje agresivo). Puede que esto sea verdad. Y se suele dar una respuesta fácil: entonces también mi acción tiene que callar. Porque no «siempre» tenemos que hacer algo. Esto es una idea estereotipada que a menudo conduce a un activismo huérfano de sentido. Aquí también hay que tener en cuenta que esta crítica procede, la mayoría de las veces, de fuerzas conservadoras muy radicalizadas.

Fijémonos en los seres vivos, cuyo lenguaje no entendemos. También a ellos podemos escucharlos. Cuando se me dice que esto es imposible, respondo: «¡Déjalos en paz!» Lo mejor es que te alejes y no te metas en su espacio intacto. No son ellos los fracasados, sino tú. (Véase el libro publicado exclusivamente en alemán *Lo acorde con la especie solo es la libertad* [*Artgerecht ist nur die Freiheit*] de Hilal Sezgin). Que a ningún ser consciente le guste caer en una trampa que le destroce por ejemplo las patas, es algo que se entiende por sí solo, sin necesidad de un lenguaje común. La Biología nos puede ayudar entonces a acercarnos al lenguaje de otros seres conscientes.

De esta manera, la segunda crítica nos lleva a aceptar que no siempre estamos obligados a actuar, para ser éticamente buenos, sino que lo verdaderamente correcto es no actuar.

Si una persona perdiera la capacidad del lenguaje en un sentido singeriano (véase Peter Singer: *Ética práctica*) y entonces nadie supiera qué hacer, esto significaría que no se escuchó con anterioridad.

Para las personas sin capacidad de lenguaje (aquí, por favor, entiéndase el lenguaje en su sentido más amplio) no hay solución. Pero las demás posiciones éticas mienten, cuando ofrecen soluciones a ello. En este punto solo queda seguir dogmas de fe que nos recuerdan que también «eso» es una persona.

El supuesto más difícil es probablemente el del aborto. Pero incluso aquí hay personas, a las que se puede escuchar. Es lo que hay que hacer entonces. Entre ellas, seguramente la voz más alta e intensa es la de la madre.

En cada uno de estos casos hay que exigirle a la persona que escucha que potencie su capacidad para ello. Se puede escuchar a una masa o a toda una nación, pero lo que no se puede es ser rígido.

La ética de la escucha no es un mandato a la contención, sino el mandato de crear plataformas de escucha. Precisa, para ello, de una cercanía (no física) que a menudo nos falta (Byung-Chul Han: *La expulsión de lo distinto*). En consecuencia, hay que someter todo a un análisis de las situaciones que permita determinar en qué medida es posible la escucha.

Una plataforma predispuesta a ello es el arte (las artes plásticas, creativas, escritas, *performativas*, etc.), aunque a veces sea tan sonora, que, más que facilitar la escucha, la entorpezca (véase el debate de Törless con Immanuel Kant en Musil).

Por ello, no es pasiva como otros principios éticos que a menudo solo son reactivos, sino que es proactiva, intervencionista y orientada al futuro. Pero está libre de toda sistematización y reglamentación.

La escucha quiere ser aprendida. En esto veo un gran fracaso de la institución escolar. En los colegios habría que entrenarla en equipo. Precisamente, los centros de aprendizaje servirían de maravillosas plataformas para ello. Pero ni las instituciones ni el profesorado ni la Administración escuchan. Y sin embargo, son los alumnos y alumnas los que reprochan esto y los que insisten en que, por favor, hay que escucharles (véase aquí, por ejemplo, el capítulo de la obra de Bergman *Dignos de ser humanos — Una nueva perspectiva histórica de la humanidad* dedicado a la escuela reformista llamada «Ágora»).

El arte de Holger es escuchar. Se trata de una escucha «poliauricular», entregada al espacio, a un público que no solo es público, a sí mismo, a su familia, a sus amigos o adversarios, a la historia; y todo ello con la verdadera intención de juntar todos los diferentes fragmentos en un *tok* (véase, por ejemplo: https://www.youtube.com/watch?v=jTAOqdA3gPU). Para mí, Holger es un refugio para la meditación, un tutor para comprender mi propia ética.

Nuestros paseos resonantes, más que aflorar la resonancia de las cosas, nos hicieron progresar en la escucha. Y esto lo fomentó precisamente el confinamiento. El mundo se volvió por sí solo más silencioso. Sobre todo, si nos desconectábamos. (Lo que en alemán se «apaga» en español se «desconecta», lo que acerca el término mucho más a la paz espiritual). El mundo está lleno de tonos, pero, si estamos sumidos en una cháchara permanente, resultará por naturaleza imposible escucharlos.

Juego y relevancia

Es propio del idioma alemán utilizar principalmente la palabra «jugar» (*spielen*) para referirse a las actividades de tocar música o hacer deporte. Si pienso en esta semántica hasta sus últimas consecuencias, reconozco en ella un menosprecio que además ahora, durante la actual pandemia, se hace aún más patente. Es como si escupiendo se te lanzara el menosprecio a la cara. Porque desclasa a la expresión artística a la categoría de *hobby*. Que a la vez también se denigre a este último, es decir, a la actividad realizada en el tiempo libre, es algo que vamos a dar aquí por descontado como síntoma de un orden económico deshumanizado.

Quizás sea imposible averiguar quién inventó el término de «actividades esenciales», pero desde el momento, en el que la palabra se volvió viral, todo tipo de actividad corrió el riesgo de ser calificada como actividad «no esencial», es decir, carente de «relevancia sistémica». Esto afectó tanto a las actividades privadas como a las profesionales, algo sin duda existencial a nivel económico. A lo largo del primer año, se hizo patente que detrás de lo que se considera una «actividad esencial» lo que hay es un potente *lobby* que se centra en la industria automovilística, las compañías aéreas y el fútbol profesional.

Al parecer, ni el arte ni la cultura, en cualquiera de sus formas de expresión, forman parte de este círculo. Sin lugar a dudas, esto también se debe a su asociación con la «idea del juego». Y, sin embargo, esta lógica parece romperse si nos fijamos en el deporte profesional. De esta paradoja nos puede ayudar a salir el inglés, en el que hay dos palabras para decir «juego»: «Play» y «game». El «play» se usa para expresar una actividad carente de un propósito específico y fuera del ámbito de la competitividad (en particular la de los niños). Indica que se prueba algo desenfadadamente o que se hace algo por diversión. En cambio, el «game» se usa para acontecimientos que puntúan y se entienden como una competición o lucha competitiva. Como hemos podido deducir etimológicamente, se da por hecho que en el ámbito cultural se «juega», en el sentido del «*play*». Sin embargo, desde un punto de vista económico, esto no tiene demasiada lógica, teniendo en cuenta que también el cine y su industria forman parte de la cultura. Además, se ignoran las sinergias sobre otros sectores económicos como la gastronomía, la hostelería, el transporte etc. En consecuencia no debería olvidarse que, a nivel general, la eliminación de las posibilidades de subsistir por medios propios en el ámbito cultural también tiene relevancia sistémica.

Sin embargo, el «juego» en sentido artístico es una forma de pensar reflexionar y comprender, así como una forma de reacción, de renovación e innovación.

Detrás de la connotación infantil del «*play*» lo que verdaderamente hay son obras de investigación social. Otra cosa bien distinta es que en el ámbito artístico-cultural exista también un fenómeno de generalización que merma su capacidad efectiva de impactar en la sociedad. Y, sin embargo, este tipo de arte que podríamos denominar «de diario» sí que tiene una capacidad de interlocución o terapéutica: la de aportarnos esperanza, fuerza o alegría, la de animarnos a resistir, a no rendirnos; la de amortiguar las penas, distrayéndonos, arrullándonos…

Las interpretaciones de Holger y las mías en particular nos hacían sentirnos a menudo como niños, porque en ellas siempre había algo no planificado, libre. Era un experimentar en el sentido más libre de la palabra, en el que las reglas de juego siempre se renegociaban. Y lo mismo ocurría con el material utilizado, los patrones y las formas de movimiento, así como con las posibilidades sonoras.

Oposición – El contraposicionamiento

La pandemia del Coronavirus (primer confinamiento, marzo 2020) y la consiguiente política de medidas de protección nos han lanzado a un mundo diametralmente opuesto al que hemos ido configurando y construyendo desde hace 200 siglos. (En este momento se puede usar en voz alta el término «mundo». Tiene una perversa similitud al «mundo» de la «guerra mundial», pero también al mundo de la «globalización». Y casi me parece conmovedor que *«globus»* provenga de «aglomeración»). Si no hablo de «orden mundial», sino de «mundo», se debe a que este orden es insobornable, cuando no quiere permitir que entre ninguna mirada de fuera.

Debido a que se entiende la pandemia como un fenómeno de la naturaleza caído sobre nuestras cabezas («catástrofe», «crisis»), se percibe en todas partes el reflejo de aferrarse, de conservar y de volver atrás. De esta manera, se invoca el mundo prepandémico (si nos expresamos con dramatismo). Muchas veces se acude a la fórmula «regreso a la normalidad». Así se ocultan o se llegan a enterrar las fuerzas de un cambio de rumbo. Fuerzas que se expresan en forma de ideas, proyectos, etc. y que surgen en tiempos de pandemia de debajo del manto del *statu quo*.

Una gran mayoría declara que el mundo postpandémico tiene que volver a ser igual que nuestro mundo prepandémico, es decir, igual a un mundo marcado por un infinito afán de movimiento y de actividad, un afán tan universalmente acaparador que casi parece desvalido, desorientado y huérfano de sentido (pues no somos ni hormigas ni abejas). No moverse es revolucionario. No actuar no solo parece absurdo, sino que es un acto hostil. De esta forma se acuñan lemas en contra de la idea de «malgastar el tiempo» como, por ejemplo, «El tiempo es oro», «A quien madruga...», «La vida es corta», «No he nacido para estar quieto», con los que nos topamos como si fueran leyes de la naturaleza.

Muchas veces se dice de la humanidad que quiere tenerlo y acapararlo todo. Yo creo que lo que mayoritariamente quiere la gente es no parar. Los millonarios no es que quieran tener aún más de lo que ya tienen, sino que los empuja una obsesión: «Quien frena, pierde». Como si estuvieran en barrancos resbaladizos. Les resulta inevitable trabajar continuamente en el propio desarrollo y crecimiento. Por eso, a menudo se invoca en este contexto el término de «lucha». No hay forma de determinar a priori los daños causados o las pérdidas sufridas en caso de parada o ralentización de los esfuerzos que se nos escapan de nuestro ámbito de influencia. En cambio, hay una idea que sí es de una claridad determinante: «Cuanto más alto se llega, mayor es la altura de la caída». Esto es como un juego de *Jump & Run*, en el que las monedas acumuladas nunca parecen ser suficientes. Muchas de las monedas acaban desperdiciadas por el camino, pero resulta que ya no es posible volver atrás. Tampoco el monigote se queda parado: sigue a toda velocidad y ni siquiera es posible hacerlo frenar. Por eso el miedo. Y por eso, también, las expresiones del lenguaje que vertebran el sistema, otorgándole una dinámica propia o algo así como una vida orgánica propia. Se da por hecho que el sistema es una ley natural inmutable. Y por consiguiente, es el ser humano, quien se tiene que adaptar a ella.

Nuestra visión del ser humano se ha desarrollado sobre este fundamento, si bien el ser humano contemporáneo es una creación «artificial». Primero se le conceden un espacio de acción y un margen de actuación y después se lo coloca sobre el tablero como se hace con las figuritas de madera de los juegos de mesa. Sin embargo, el diseño de nuestro entorno no ha surgido precisamente del ser humano. En cambio, hoy día, su misión parece consistir en avanzar siempre hacia delante y no parar jamás. Entonces es descrito como un ser curioso y sediento de conocimiento. Y, sin embargo, el cerebro del ser humano siempre aspira a ahorrar energía. El razonamiento humano es un permanente intento de actuar de la forma más racional y efectiva posible.

Hay diferentes movimientos modernos que se han percatado de esta orientación equivocada. Luchan a favor de la inactividad como contraposición al estrés de la actividad. Aunque no se puede hablar de «movimiento» en sentido estricto, este lo podemos identificar en la aversión o el odio generalizado al trabajo, (socialmente aceptado) o en la exaltación de la voluntad de ser libres, entre otros casos. A los *hobbies*, en tanto que actividad por desgracia demasiado delimitada, los podríamos incluir excepcionalmente. Se practican en espacios reservados, en gimnasios, seminarios o, mejor aún, en talleres. Pero como no queremos ser «raritos», el tiempo que les dedicamos tiene que estar bien medido, integrado en esquemas de aportación de sentido, como en el caso del yoga, la meditación, el *joggen* etc.

Al mismo tiempo, nos damos rápidamente cuenta, de que el ser humano no va casi a ninguna parte sin una vida estructurada. Fuera de ella se da a la bebida o se «entretiene» de cualquier otra manera. A la vez que se deja caer en la inactividad, se somete de nuevo a una forma, diferente, de control. Aquí entramos en otro tipo de contrapropuesta al movimiento que demanda la necesidad de vivir: la denominada «excedencia». Pero esta, lo único que hace es aplazar ese movimiento, porque al final tan solo es un tiempo literalmente extraído del tiempo. Las «excedencias» hay que solicitarlas y han de ser autorizadas. Esto no significa que no se intente sacarle provecho económico y sistemático a dicho tiempo. Esto mismo pasa con los *hobbies*: que tienen que ser productivos. Una afición nos tiene que hacer progresar en algo, tiene que tener un sentido. No sirve «solo hacer». Por eso «estar aburrido» o «relajarse» no pueden ser *hobbies* y una actividad realizada al margen de un *hobby* se considera inútil. En definitiva, todo tiene que tener un sentido. Por eso, se considera que el sentido de una excedencia es su función ampliada como tiempo para la recuperación. Porque «necesito cargar las pilas». Sin embargo, que al hablar así nos estemos mecanizando a nosotros mismos, no nos llama la atención. Queremos «despejar la cabeza», «acumular fuerzas», «conciliar» o mantener un «*work-life-balance*».

Relajarse sin más es, en realidad, una actividad revolucionaria. Le quita sentido al tiempo libre. Solo surge de una profunda extenuación. Por eso es una actividad completamente vacía.

La pandemia, o mejor dicho, la reacción política que suscitó, paró en seco la forma de vida orientada hacia la economía y el avance constante. (Aquí, deberíamos subrayar con un rotulador negro el término de «reaccionar», puesto que le es inherente el «demasiado tarde»). Consecuentemente, nuestra primera conclusión debería ser: «El devenir del mundo está en nuestras manos».

Sin embargo, si hacemos un seguimiento de las declaraciones de los políticos y políticas, este parón se considera antinatural. Es una ironía que lo natural se vuelva así antinatural, teniendo en cuenta que un virus es lo más natural del mundo. Los virus son una necesidad vital para nosotros, al igual que las bacterias (https://derarbeitsmarkt.ch/de/interview/mikroorganismen).

Pues bien, solo hay dos naturalezas: contra una de ellas nos defendemos y a la otra la invocamos como soporte vital. Estamos, pues, ante un segundo o tercer nivel de ironía. La naturaleza, que creemos haber superado y controlado, que no solo está incondicionalmente inscrita en nuestro ser, sino que es el fundamento de nuestra vida en su totalidad, también es la naturaleza que nos mata. Por otra parte, las medidas políticas han tenido como consecuencia un aumento de la experiencia de la naturaleza como punto de referencia. Salimos a pasear, vamos al bosque, cuidamos plantas en jardines y balcones.

Ahora, lo que se ha paralizado es el nivel de la naturaleza creado por la sociedad. Es como si se hubieran parado los cronómetros, a pesar de que sabemos que no es posible parar el tiempo. Lo queramos o no, «la vida sigue». Pero resulta que hemos intervenido en ella y la hemos obligado a parar. (De nuevo resulta irónico que esto no suene prepotente, sino impotente. Así, repitiendo estas formas de hablar como una letanía, las decisiones se vuelven inatacables). Por eso todo chirría y cruje por los cuatro costados. Nuestro proclamado avance se ha parado en seco, a pesar de que el mundo de las necesidades y de los suministros sigue girando. A este supuesto parón temporal hay que añadir las restricciones o limitaciones de circulación (toques de queda, demarcaciones etc.). De esta manera, el anhelo que habíamos declarado como constitutivo del ser humano, se queda insatisfecho.

Con cierta condescendencia recordamos el encanto romántico de la maquinaria de los relojes antiguos, a la que se le daba cuerda a voluntad. Sin nuestra intervención, se pararían. También se dice que «van mal». Como solo son un instrumento para mantener nuestro orden, tenemos el deber de darles cuerda. (Habría que someter a los relojes a un estudio más riguroso). ¿Por qué automatizamos los relojes? Porque nuestro anhelo de optimización nos exige exactitud y se nos recuerda que la exactitud no puede depender de cada individuo. Los humanos somos falibles. Por eso, hemos declarado como estándar óptimo tanto al reloj automático, como al que se actualiza vía Internet. El ser humano tiene que adecuarse a él. Se podría afirmar, que se ha producido una reversión de la relación. Por lo tanto, ahora lo determinante es llevar nuestras ansias en la muñeca, o alrededor, visto el aumentado exponencial de la cantidad de relojes en nuestro entorno más cercano. De nuevo nos hemos apropiado de una ley natural, utilizándola, por así decirlo, como un argumento imbatible. «El tiempo corre», «el tiempo no se para», «*tempus fugit*», «el futuro no espera» (cuando la gente mayor dice que el tiempo corre, es que se sienten poco útiles e improductivos).

No solo se ha demonizado y denostado como una limitación la temporalidad desaprovechada del tiempo en el que vivimos y que tanto hemos sobreobjetivado (mediante calendarios, zonas horarias etc.), sino también nuestra propia temporalidad. Resulta que la muerte no es productiva (*prōdūcere /prōductum*: 'procurar, elaborar, provocar, desencadenar', (de la historia bíblica de la Creación), 'rendir fruto, originar'; del. lat. *dūcere* 'dirigir, conducir'). Hoy día parece que el ser humano agonizante se interpone al movimiento imperante, como si fuera un estorbo. Por eso, son necesarios los rituales que lo enaltecen. Según el dicho, «no necesitamos llevar equipaje en nuestro último viaje», pero hace tiempo ya que nos lo han quitado. También de la muerte es posible sacar provecho económico. Esto se hace patente en el denominado *show-business*. Con la muerte, o mejor dicho, gracias a ella, es con lo que se hace más dinero. La muerte de un artista dispara definitivamente su valor comercial.

Además, ocurre cada vez con más frecuencia que se culpa al finado de la forma y del momento de su propia muerte. Quien muere es corresponsable de que determinados procesos se detengan, de que se bloqueen energías en forma de duelo y de que se dispersen las fuerzas productivas por culpa de la necesidad de que alguien se ocupe del entierro y de los trámites legales correspondientes. Además, hará falta recomponer los círculos familiares, sociales y de amistad. Por eso, cada vez se «progresa» más en la automatización del trance de morir. A pesar de su carácter disruptivo, la muerte aún mantiene un romanticismo imposible de eliminar, que sin embargo hoy día la mercadotecnia trata de racionalizar. De ahí surge tal marea administrativa, que la propia muerte por poco no se ahoga en ella. Y solo a regañadientes y por un tiempo muy limitado se permite el duelo como justificante de una baja laboral, una baja que, además, ha de ser solicitada.

Algo parecido al tratamiento de la muerte ocurre con la forma que tenemos de enfrentarnos a las enfermedades (al COVID, por ejemplo). Estas representan un parón asumible siempre y cuando se mantengan dentro de lo razonable.

En un sentido económico, solo importa el ser humano sano. Solo así, tanto el individuo como la sociedad constituyen un todo productivo, orientado al futuro y, por consiguiente, al progreso (esta palabra es muy definitoria). Casi ni se pregunta, por qué hay que ser todo eso.

En las denominadas disciplinas individuales esto se puede responder rápidamente: un producto, que ha sido fabricado como una pieza única, tarde o temprano sacará a la luz los defectos que habrá que subsanar; el resultado de una investigación siempre tendrá puntos oscuros que habrá que iluminar; una meta alcanzada abre nuevas metas por alcanzar. En suma, lo que tenemos es la imagen de un ser humano que siempre aspira a más.

La capacidad para trabajar durante un periodo de enfermedad debe extenderse al máximo (si observamos la situación a nivel internacional, hay enfermedades e incluso embarazos que pueden constituir causa de despido. A la persona enferma se la excluye activamente de la sociedad). Por lo tanto, nuestro principal incentivo para superar lo antes posible una enfermedad no es el malestar que esta trae consigo, sino la zozobra de no poder seguir estando activos. Estar enfermo es improductivo. Cuando enfermas, se te dice que «tú también te podrías haber protegido». Uno podría haberse abrigado más o haber tenido cuidado de no contagiarse. Uno no debería haber fumado, debería haber comido mejor, debería no haberse equivocado al elegir a sus doctores o doctoras… Quien se da de baja por enfermedad, se hace objeto de sospecha. A esta respondemos o bien avergonzados o a la defensiva, pero nunca con una rectificación, puesto que la enfermedad solo sirve de «justificación», cuando resulta ineludible. La enfermedad levanta entre nosotros y nuestro día a día (productivo) un muro que hay que derribar cuanto antes. Esto también lo pensamos en la intimidad. Al evaluar las enfermedades, el enfermo no solo es un paciente que sufre, sino también una persona responsable de su enfermedad (durante la pandemia tener COVID llegó a ser un motivo de vergüenza). Esto se asemeja a la inversión de la carga de la prueba entre víctima y agresor en casos criminales, en los que se reprocha a la víctima haber propiciado, mediante una conducta previa inapropiada, el crimen del cual ha sido víctima (por lanzar una mirada provocadora, por llevar ropa demasiado ligera, etc.). Lo que emparenta a la enfermedad con el crimen es la causalidad ambigua. Esto no significa que yo esté a favor de los procedimientos, en los que se responsabiliza a la víctima de un crimen. ¡Muy al contrario! Pero también es un hecho, que un crimen nunca se debe a una causa única. La parte culpable siempre busca borrar la unívoca relación entre agresor y víctima. Por eso, siempre se da este comportamiento incorrecto hacia las víctimas.

Al final, tanto las enfermedades como los crímenes se diagnostican unidimensionalmente. Por eso, muchos ciudadanos y ciudadanas se convierten en médicos al instante, en cuanto alguien les cuenta que está enfermo (esto se notó especialmente durante la pandemia por el efecto acumulativo de la cantidad de políticos y de autoproclamados virólogos y expertos en vacunas que surgieron). Tanto en la criminalidad como en la enfermedad, esta manera de admitir y de procesar los sufrimientos es peligrosa y denigrante.

Se aparta, aísla y aleja a la persona enferma. En lo posible, ha de superar por su cuenta este estado de aislamiento, y solo entonces se le permitirá volver. Reconocemos los mismos patrones que en otros «aislamientos»: discapacidades, trastornos mentales, edad avanzada. La meta es curarse rápido para volver a participar (hay casos en los que la superación no siempre es posible, por lo que se trabaja en formas de aislamiento más efectivas. Y hay muchos ámbitos, en los que la digitalización permite incluso acortar aún más las bajas). ¿Pero de qué «participación» estamos hablando? De nuevo aparece la larga sombra de la medida economicista de todo. Mantener a la gente apartada a causa de enfermedades inocuas (aquellas, a mi modo de ver, que no nos dejan postrados, no nos roban la conciencia o no son extremadamente contagiosas) no es más que la expresión de un modelo social plano e inflexible que solo puede funcionar, si todos sus integrantes están en funcionamiento (en lo que a su rapidez, efectividad y capacidad se refiere). Como los pararrayos (bonita metáfora) las enfermedades distraen, desconcentran, dificultan o imposibilitan el ejercicio de diferentes actividades. Se condiciona, demás, a los que no están enfermos, de manera que la productividad se resiente desde un punto de vista más amplio (como si la productividad también fuera un sujeto capaz de sufrir). Por eso, se pide a la persona enferma que se ausente sin importar las «repercusiones» sociales o emocionales de dicha ausencia. Esto es claramente una visión superficial del ser humano. La persona enferma incluso tiene que disculparse por su ausencia. En esta disculpa podría verse un gesto administrativo sin importancia, gracias al cual es posible coordinar una reestructuración a corto plazo de los procedimientos laborales, pero la terminología se delata a sí misma: tenemos que disculparnos como si hubiésemos hecho algo malo. Y esta disculpa se incorpora finalmente a dosieres y estadísticas que transforman de forma aún más visible al ser humano en un «recurso».

Estar enfermo, por lo tanto, se convierte en un acto subversivo, siempre que no se superen los dos primeros días. A partir del tercer día casi siempre hay que acudir al médico y en casos graves (por ejemplo con muchas recaídas) a un facultativo de la Seguridad Social. La regla del tercer día también se debe a los procesos de racionalización económica. Para descargar a los médicos y ejercer, a la vez, presión sobre los enfermos. Se archivan las notificaciones de las bajas y se evalúan estadísticamente (número de bajas, frecuencia etc.). De esta manera, el análisis de las enfermedades es cuantitativo, pero no cualitativo.

¿Pero qué pasaría, si, en el caso de coger una enfermedad contagiosa, nos retiráramos discretamente por sentido del deber social? ¿Qué ocurriría, si, a pesar de estar enfermos, fuéramos capaces de realizar en sociedad algún tipo de actividad no productiva? Me estoy imaginando a una persona enferma, necesitada de afecto, acudiendo al trabajo para hablar y comentar cosas con sus colegas y seguir formando parte del grupo. Pudiera ser que esa persona adquiriera algún tipo de conocimiento adicional sobre su enfermedad o, en general, acerca de sí misma. Podría, también, estar con los demás, liberada de tener que hacer nada en especial («liberado»: libre, desocupado, vacante etc.), simplemente estando sin más.

Recuerdo una canción maravillosa que pone el foco en lo fundamentalmente humano: *La Canción de la front unida*. Me gustaría añadirle una estrofa.

Las enfermedades nos dan la oportunidad de reflexionar sobre nosotros mismos y sobre lo que nos afecta. Con las enfermedades tenemos un espejo muy específico y exacto, en el que mirarnos. En nuestras circunstancias somos origen y objetivo del ataque de las enfermedades. Con esto, de alguna manera estoy asumiendo la visión economicista, según la cual somos, hasta cierto punto, responsables de nuestro propio sufrimiento. No me refiero aquí a las enfermedades que surgen de los laboratorios, aunque ese asunto dé que pensar. Responsables son principalmente los siguientes aspectos: la situación vital, las circunstancias vitales, el entorno vital, el medio ambiente vital, el estilo de vida. Precisamente en base a esta amplitud es necesaria la ociosidad de la lentitud para sanar realmente (véase el ensayo sobre la lentitud).

Quizá el cuerpo enfermo (también el cuerpo social) tenga que tomar conciencia de cómo manejar determinadas sustancias. Este proceso de toma de conciencia podría revelarse a sí mismo como otro síntoma de enfermedad. Esto también es aplicable a los problemas mentales. Se puede alterar, por ejemplo, algo que ha penetrado en nuestra conciencia a través de una enfermedad (lamentablemente, el aumento del reconocimiento científico de las enfermedades psicosomáticas no ha ido acompañado de un aumento de su reconocimiento social, sino, más bien al contrario, de su estigmatización por ser supuestamente inútiles). Pudiera ser que la mente y el cuerpo lo que necesitan solo es una pausa, un respiro.

Todos estos atributos junto a otros relacionados que he estado utilizando aquí para describir a lo que se considera como «enfermedad», se utilizan en el debate público para destapar desequilibrios sociales: falta de transparencia, disturbios, tensiones, paros. También son las características de a una maquinaria disfuncional. Pongamos un ejemplo barato: si una enfermedad se transmite por el aliento, esto solo puede ocurrir, si existe esta forma de transmisión. Si nadie entrara en contacto con el aliento de los demás, no se produciría la transmisión. Es altamente probable que, por consiguiente, la enfermedad no llegara a existir. De esta manera, las enfermedades son a la vez un reflejo del sistema social e indicadoras de desequilibrios. Naturalmente, en ello se puede ver también un dominio imperfecto de la naturaleza, lo cual no contradice el hilo argumental. La enfermedad, sin embargo, no siempre es el síntoma de una sociedad enferma de sí misma o deformada, sino que puede surgir en un ámbito de proximidad. También el afecto y la cercanía emocional pueden transmitir enfermedades, como hemos podido ver en el ejemplo que he elegido. Para evitar expansiones y contagios o para garantizar una evolución más suave de la enfermedad, habría que modificar detalles del estilo de vida o el estilo de vida en general, o, por el contrario, abrazar la enfermedad y cargar con ella como parte de nuestra vida, como podría ser el caso de la muerte. Esto podría suceder con la aceptación de la enfermedad como una prueba de fuego. De esta manera, la enfermedad nos llevaría a un mejor conocimiento de nosotros mismos. Podría despertar fuerzas, no tanto para superar la enfermedad en sí, sino para percibir o comprender primero los desequilibrios que la causan y después superarla, abrazarla o aceptarla, según el caso. De esta manera, no solo se «trata» la enfermedad, sino que también se examina al «mundo». Porque las personas no somos seres fragmentados. En el mejor de los sentidos, el ser humano siempre es más que la suma de sus partes.

Las restricciones del confinamiento nos tiran a la cara la mecanización de nuestras circunstancias vitales. La pandemia como enfermedad es como el palo en la rueda. En este sentido (y desde la perspectiva alemana), es observable una tendencia en los tres confinamientos (*lockdowns*) que llevamos hasta la fecha. (Por cierto, no es sorprendente que se haya elegido un término con una connotación tan negativa, perteneciente al contexto penitenciario. Y tampoco sorprende que en alemán se haya utilizado una palabra inglesa para acentuar su inevitabilidad). Mientras que en el primer *lockdown* se paró todo lo que tenía que ver con los contactos sociales (salvo aquellas que se explotaron bajo el pretexto de ser esenciales), más adelante, las restricciones correspondientes a los siguientes confinamientos afectaron cada vez más al ámbito privado —es decir, al «peligroso». Se permitió —incluso fomentó— el trabajo en todas sus formas. Naturalmente que, con la máxima amabilidad, se guardaban las distancias y había que evitar los contactos sociales innecesarios. ¿Por qué nadie se percató de que el contacto es necesario para vivir?

También los canales de las redes sociales perdieron su significado, pues se descubrió que no eran ni sociales ni unían realmente. Y esto, precisamente, en un momento de exaltación ilimitada de su utilidad. Estos canales (de nuevo, un término contradictorio) nos remiten siempre algo distinto. Esto lo hacen también en tiempos sin restricciones de contacto, pero en aquellos tiempos su virtualidad era literal. Ya solo la posibilidad de lo mostrado era real. Y ahora que parece que se han vuelto aún más importantes, nos dividen en el sentido más auténtico de la palabra. Nos alertan de posibilidades que realmente son imposibles. Y que seguirán siéndolo en el futuro, ya que aún no sabemos, qué consecuencias (también a largo plazo) va a tener este *lockdown*. Estos canales no ofrecen una nueva vida, sino que nos remiten exclusivamente a resistir y a depender de la idea de ser posibles. Pero no nos ofrecen una verdadera orientación.

Las medidas para la contención de la pandemia han provocado que nos detengamos. En esto es posible detectar una clara relación causa-efecto. No fue ni el virus ni la voluntad de las personas: fueron los experimentos políticos. Pero detenerse resulta que es un estado externo. Y se notó perfectamente la tensión que esto le causó a la gente. Puesto que antes detenerse estaba mal visto. Ahora, se me indica que actúe en contra de una ley natural, aquella, por la cual quiero hacer algo. De pronto, las personas se encuentran solas, y esto duele. Y se nota que algo no está bien. Y por eso, también se nubla el lenguaje. El lenguaje se lanza a la superación de la pandemia, la cual se expande al margen de las normas (salvajemente) y, sin embargo, precisamente no es la pandemia la que nos limita. Y, mucho menos, la pandemia se expande sola. (¿Será que el ser humano vuelve a tener un chivo expiatorio?). Ahora se trata de resistir, aguantar, ser fuerte. Se trata de limitaciones y restricciones. Se trata de la pérdida de la libertad. Analizar esta libertad hasta el fondo provoca náusea. Puesto que esta se fundamenta principalmente en el consumo de recursos, así como en la explotación de la naturaleza y los seres humanos. Las limitaciones graves y existenciales que está sufriendo casi no llaman la atención.

No se trata aquí de criticar las medidas políticas que ya tenemos: prohibición de contacto, toques de queda, cierres extensivos de instalaciones económicas, deportivas y culturales. Partamos de la base de que son necesarias y correctas en cuanto a su proporcionalidad. Solo una cosa más al respecto: se puede apreciar claramente la permeabilización económica de nuestra concepción del arte y de la cultura. Así, no son centrales ni la creación cultural ni, por consiguiente, la pandemia como oportunidad artística, sino las pérdidas económicas. Por supuesto, se ensalza el hecho del gran papel que precisamente la cultura ha desempeñado durante el aislamiento social de los confinamientos, pero detrás está el miedo paralizante de la impotencia. Esto es precisamente contra lo que la creación cultural debería estar blindada. Pero es normal que el miedo se deje llevar por la letanía de que «no están los tiempos para juegos». Ahora lo importante es que no se pare la rueda. Este afán de actividad se limita, sin embargo, al ámbito de la producción industrial. Y esto, principalmente, en relación al producto y no a las personas necesitadas. Por eso también el miedo que inquieta a los niños y adolescentes y que nuestros colegios no son capaces ni de interceptar ni de paliar. Al revés, incluso: son cómplices y reman activamente en favor de la corriente.

Justo ahora que sería el momento de reflexionar sobre nuestro estilo de vida, de nuestros valores y deseos, pero también sobre nuestra libertad, un momento que se nos ha regalado auspiciado por el parón que nos ha detenido. Ahora tenemos la oportunidad de aprender a percibirnos. Y a percibir a los demás o a percibirlos de forma renovada. Podríamos aprender a prestarle más atención a la naturaleza, a «nuestra» naturaleza. Podríamos reorientarnos. Pero, sobre todo, podríamos detenernos realmente. Simplemente no hacer nada. ¿Cómo se sentiría eso?

Nuestros paseos resonantes están precisamente al servicio de este intento de encontrar y constituir una nueva orientación. Y al mismo tiempo son el intento de entender y de desear ese «no hacer nada».

El resultado son los presentes textos. Lo que, lamentablemente, no podemos trasladar a los lectores y lectoras son los numerosos tanteos en el bosque y en la naturaleza.

Extraíamos conscientemente nuestras excursiones del marco temporal (y por eso el proyecto se tuvo que acabar cuando finalizaron los confinamientos estrictos). Pero lo que acabó una excursión fueron precisamente nuestra fuerza, energía e inspiración. Quizá también alguna vez la luz del sol. Podíamos ser lentos, guardar silencio, pero también podíamos estar en estados extasiados, ruidosos y salvajes, aunque más bien estos atributos nos abandonaron. Nos liberamos de ellos.

Y empezamos a desarrollar nuevos conceptos sobre el arte, la *performance*, la cultura y sobre el estilo de vida en general. Percibimos la fuerza oculta en ellos, una fuerza que ni es productiva ni tiene que serlo. Solo en esta libertad pueden hacer sentir todo su potencial. Ahora se convierten en la expresión de nuestros sentimientos y de nuestra forma de ver la vida y el mundo. Solo ahora pueden mantener un discurso auténtico, libre de imposiciones propias o ajenas. Además, en este episodio de nuestras vidas disolvimos la frontera entre la recepción y la producción. Y también la endeble frontera entre el arte y la vida. Pasear era un proceso tan *performativo* como el tamborilear y los demás medios de expresión que utilizábamos. Nos sentíamos más verdaderos, auténticos y correctos. Como amigos, pero también como filósofos y entendidos en arte, nos desprendimos de aún más fronteras: las que hay entre profesor y alumno, ensayo y *performance*, lo acabado y lo inacabado, lo bueno y lo no bueno, lo interior y lo exterior, lo musical y lo poco musical. Derribamos las fronteras de la música, desligándonos de las reglas que rigen el tiempo y la técnica, de los instrumentos prefabricados, de la tradición y de los patrones... Esto es algo muy revitalizante. De pronto, podemos ser espontáneos. Un mundo libre de barreras es muy duradero. Nos libera del miedo a equivocarnos. Pero también nos libera de la obligación de tener que ser algo.

En: Mühlheim – Lluvia

Llueve. O llovizna. Al describir la lluvia, se hacen visibles el arte y la fuerza del lenguaje. El simple enunciado «Llueve.» es un globo de diálogo vacío de contenido (como «orinar»…). Diluvia, jarrea, gotea, llovizna, chispea, chaparrea, diluvia, llueve a mares, llueve más y mejor, llueve perros y gatos, llueve a cántaros. En estas expresiones, por el contrario, ya contienen imágenes. Uno se imagina a sí mismo calado en medio de un sendero. En los charcos salta el agua. El frío sube por las piernas. Las gotas golpean sobre la cabeza o sobre un paraguas. Hace ruido. La charla o bien se va a pique a causa del contratiempo o bien las voces que la integran se elevan para imponerse a la borrasca.

También sopla el viento. No oírlo nos parecería extraño. No así, si nos sentimos seguros gracias a las ventanas y paredes que nos mantienen alejados de las fuerzas de la naturaleza. Entonces, podríamos ver el viento, pero no sentirlo. Solo lo oiríamos como un eco lejano o nada en absoluto. El viento solo se hace verdaderamente presente cuando nos adentramos en él y tira de nuestra ropa, de nuestro pelo, de nuestro cuerpo, así como de nuestros pensamientos. Nuestros paseos son formas de meditación. Intentamos compenetrarnos profundamente con el ser de las cosas, pero añadiendo, a continuación, algo de nuestra propia cosecha. Es una forma de detenernos. Holger ha reiterado en varias ocasiones que nuestro proyecto, para nacer, ha necesitado la crisis del coronavirus. Quizás sea así, aunque para mí este extremo es discutible. En cualquier caso, el parón laboral ha sido fundamental para llevar a cabo nuestros paseos. Pero la predisposición a hacerlos ya la habíamos desarrollado con anterioridad (sobre todo él). Desde un punto de vista musical y sonoro tenía que pasar algo. Las clases que me daba al principio también iban en esa línea. De lo que se trataba era de romper viejos esquemas. «Toca de forma equivocada, Volker», me decía Holger.

Y ahora nos encontramos bajo la lluvia, aunque se podría decir que, en realidad, «casi» estamos bajo la lluvia, porque lo que nos cae encima es más bien un goteo o algo parecido... Yo me había negado a estar de verdad en plena lluvia. Y ahora estamos bajo este goteo, con nuestros impermeables y con gorras. De pronto, hace frío. Pero más impresionante aún es el viento. Él, por sí solo, no haría ningún ruido, pero lo desencadena. («La luz no hace la sombra, pero sin luz no hay sombra». Vaya aquí mi agradecimiento a mi mentora Sabine, a quien le debo esta frase). El chopo cercano susurra. O sus mil hojas (pienso en Lao-Tse y sus diez mil objetos). Este es también el único vídeo de ese día. Holger graba las hojas. Le habla a su móvil que transcribe de forma automática para él. Sin hacer ningún sonido. Jugamos con el agua. En el antepecho del Rin se han generado minúsculos charcos. Salpican al golpearlos y pasarles el cepillo por encima. Lástima no seguir oyendo el estallido de las gotas contra el suelo!

Un buque cisterna se apodera de la esfera sonora. Yo me vuelvo más silencioso, Holger más intenso. Yo me sereno, Holger se tambalea, salvaje, insistente. El buque cisterna se mantiene en un primer plano. No somos lo suficientemente pacientes para aguardar un momento, en el que no esté omnipresente.

El aire está preñado. Este es un término, al cual me opongo al a la vez que me adhiero a él. Un embarazo desemboca de forma natural, sin intervenciones externas, en un nacimiento. En cambio, de esta esfera sonora no va a nacer nada. Al contrario que los *sonidos naturales*, solo es superficial y arrampla con todo. Nos encontramos como en un triángulo de sonidos mecánicos, cuya intensidad y continuidad generan algo así como un *tinnitus*. Llaman la atención del paseante, aunque este o esta piensen que se pueden abstraer de él. Esto debe de producir un impacto cerebral brutal. El cerebro percibe una impresión que, en sentido literal, se impone y penetra a la fuerza en él. Porque el cerebro no trabaja para orientarse o para integrar el mundo en su interior. Aspira a desconectarse de él en la medida de lo posible, alejarlo de sí, disociarse de él. El cerebro trabaja para crear un silencio que, de facto, no existe. Nuestro silencio, el de los seres humanos envueltos por una nebulosa de máquinas, es un constante zumbido y chirrido. No es el suave zumbido que debió escuchar John Cage. Él se detuvo, se alejó conscientemente y así encontró un silencio sensorial que lo empujo a descubrir que el silencio, en tanto que fenómeno atonal, no es existente. También su *4:33* es artificial. Porque exige un espacio muy concreto, y, por lo tanto, es una *performance*.

Resulta extraño que no nos parezca invasivo tener que taparnos los oídos constantemente. A nadie en su sano juicio se le ocurriría cegarse constantemente, sino que atenuamos la luz del sol, si esta es demasiado fuerte, y cuidamos que mirar sea un acto agradable para los ojos, incluso de noche.

El otro día, durante un paseo (que no iba a ser musical, pero que al final, de alguna manera, sí lo fue, aunque solo habláramos de cerveza), Holger se preguntó por la razón de que no se diseñen y construyan los entornos con la vista puesta en las cualidades sonoras de estos. Objeciones aparte, esta idea, de lo que trata no es tanto de crear un espacio con buenas cualidades acústicas, sino de entender el espacio como un objeto sonoro en sí mismo (véase el espacio transformador). No se trata de no colocar el borboteante calentador de agua en el salón principal o en el dormitorio, sino de diseñarlo de una forma adecuada. Hay que negociar caso por caso lo que es adecuado. Debido a la crisis energética, a la que nos enfrentamos en la actualidad, podría ser sensato que el calentador nos recuerde su presencia haciendo ruido. Quizá convendría oír claramente que se enciende. ¿Pero, qué sonido tendría que hacer entonces?

(Véase *The tuning of the world* (1977) de Murray Schafer. Fue él, quien acuñó el término de «*soundscape*». Además, reclamó un diseño consciente de la sonoridad de los objetos y de los momentos).

No obstante, el propio diseño del espacio está de alguna manera subordinado al sonido. El cuarto de los niños no es precisamente lo mismo que el despacho. El salón tiene que tener un concepto acústico para las conexiones de la televisión o del equipo de música; la cocina hay que poder cerrarla para no oír el túrmix, aunque el leve gorgojeo de la máquina de café tiene un efecto tranquilizador. Por eso, también nos gusta dejar la puerta abierta, aunque con la posibilidad de poder cerrarla en cualquier momento. Independientemente de las consideraciones estéticas e higiénicas a las que nos debemos, hay que pensar en crear una esfera sonora, en la cual podamos realizar distintas actividades (de forma independiente o supuestamente independiente). Yo me imagino un espacio, en el que se haga todo. Pero precisamente nos molestarían los estímulos olfativos y acústicos resultantes.

¿Por qué diseñar el mundo de manera que nos moleste? En un estado natural, sea cual sea, el mundo no molestaría. Podría llegar a ser desagradable e inhóspito, pero no molestaría. Porque solo se haría cada cosa a su tiempo. Ahora separamos. Pero resulta que no queremos seguir percibiendo ese aroma a comida, con el que hace nada se nos hacía la boca agua, y mucho menos los distintos olores del retrete, los cuales nos desagradan incluso en el mismo cuarto de baño. Hay que imaginarse la conexión de todos estos olores entre sí: los del lavabo, la cocina, el del sudor de tarde. Y entre todos flota una nota etérea de la fragancia proveniente de un saquito de romero, fresco y pasado a la vez. Quizás alguien haya colocado un tiesto con una planta. Los muebles solo son parcialmente de madera fresca. Están compuestos en gran parte por un material sintético granulado. Ah, ¡y no nos olvidemos de la calefacción! Nunca entendí, por qué los humanos nos hemos colocado todo este popurrí maloliente en la habitación. El espacio olfativamente unificado (Bernhard: *Corrección*).

El espacio acústico también tiene que estar separado: la lavadora, lavar los dientes (a mano o con cepillo eléctrico), leer, música, el ruido de los cacharros en la cocina, pasos, orinar, meditar. La separación de los espacios va acompañada de la separación del tiempo y, durante mucho tiempo, también de la separación social (pensar que esta última la hemos superado no deja de ser una broma de los que creen ciegamente en el progreso).

A las 13.00 h el cocinero o la cocinera entra en la cocina a hacer la comida. Entonces, la cocina tiene un sonido propio. También lo tienen el baño y el dormitorio, cuyo sonido, al estar dormidos, parece que no percibimos (además, no ponemos en duda que la sonoridad del dormitorio es la adecuada para dormir).

Todas esas puertas que cerramos dividen sonidos más que espacios. Por eso, muchas veces se quedan abiertas, si en el cuarto de al lado reinan el silencio o un ambiente cálido y corrientes.

Por lo tanto, separamos en lugar de diseñar los sonidos, como tendríamos la posibilidad de hacer. Pero de lo único de lo que nos ocupamos es del volumen de los sonidos. ¿Cómo debería sonar una batidora que tuviera que integrarse en un ambiente de lectura al atardecer? La batidora de hoy en día no lo hace. Pero, ¿por qué entonces batimos con ella? Simplemente creemos que no forma parte de la lectura. Y, sin embargo, también bebemos cuando leemos.

Permitimos que haya algunos ruidos (aunque esto sea algo implícitamente negativo) y otros no los podemos evitar (¡Ya se sabe que hay un avión que sobrevuela esta zona!).

¿Por qué no diseñamos lavadoras que no estén programadas para ofrecer las funciones más perfectas, sino en función de sus propiedades sonoras? ¿O en función de una armonía general? Si habláramos de ropa, también habría que pensar en incluir su aspecto táctil y olfativo.

En la arquitectura moderna hemos separado los ámbitos como si hubiera una separación real entre ellos. Por supuesto que hay cocinas integradas, dormitorios abiertos, pero lo que finalmente hay son «cocinas» y «dormitorios». Al separarlos a ellos, nos hemos separado a nosotros mismos. Al igual que separamos otras cosas.

Y ahora creemos que podemos separar los sonidos de nosotros. «No lo he notado», decimos. Efectivamente, no lo hemos notado. Pero eso no significa que no lo hayamos oído. El sonido existió y lo escuchamos. Pensamos que lo hemos eclipsado (expresión visual). Sin embargo, durante mucho tiempo a los humanos sí les importó estar al tanto de todo, como estrategia de supervivencia. Ahora, por lo general, ya no la necesitamos, y por eso borramos los sonidos de nuestra consciencia. Sin embargo, sigue habiendo sonidos que bullen en nosotros y que nos alertan de algún peligro: la chirriante y tambaleante aproximación de un tranvía, por ejemplo, o el peso de los neumáticos de un coche sobre el asfalto. Si digo de un sonido que «no lo he notado», significa casi siempre que lo he eclipsado activamente de mi consciencia.

Esto nos muestra la visión desenfocada que tenemos de lo que es una buena vida. Nos la imaginamos rápida, ágil, cómoda y flexible. Pero no nos la imaginamos armónica en el sentido más verdadero de la palabra, es decir: unión de contrarios en una totalidad, coherencia interna y equilibrio. En nuestra vida, separamos. No nos vemos como una unidad ni a nosotros mismos ni como grupo o comunidad. También separamos nuestros sentidos. Lo que vemos no tiene por qué sonar bien o ser agradable al tacto. Solo en el momento, en el que nos detenemos, parece que lo integramos todo en su conjunto. Cuando organizamos una velada romántica, nos esforzamos en que sea armónica: la luz será tenue (a ser posible la de las velas), la música suave y a bajo volumen, el lugar tranquilo o incluso silencioso (aunque mejor solo tranquilo) y donde circule el aire. (Por eso, la mayoría de la gente acude a un local, donde ya todo está organizado: un spa, un restaurante, etc.). Pero ahora esto ya no es algo natural, es un apearse ficticio de nuestra propia esfera para luego volver y seguir en ella. Esta separación nos aliena en muchos aspectos. Se estiliza como una forma de medida elevada que ordena el mundo, y por eso se le asigna el atributo de «buena».

Cuando Holger y yo hablamos de esto por primera vez, estábamos sobre un puente metálico en Longerich (supimos que así se llamaba el lugar conversando con dos viandantes). El puente tiene unas propiedades sonoras maravillosas. En principio, está construido de un único material, pero cada una de sus partes tiene una determinada forma: la barandilla, el pasamanos, la pasarela, la baranda (las altas pantallas anti-suicidios llaman la atención. Quizás, lo que también se quiere evitar con ellas es que no caiga nada al puente desde los escasos trenes que pasan). En algún que otro lugar hay candados encadenados que simbolizan el amor. Estas formas tan diversas ofrecen un verdadero popurrí (aquí está de nuevo...) de la variedad sonora. Además, Holger se ha enamorado del portaequipajes de su bicicleta. «Suena como un instrumento de percusión electrónico», dice. El puente es una pasarela para viandantes muy transitada y muy práctica. Debajo está el viaducto. Por suerte o por mala suerte, el tren no va a carbón.

El puente suena maravillosamente. El sonido que hacen los viandantes al pasar es de un tono bajo pleno, mientras que el pasamanos emite el ligero sonido de cuando se frotan y rozan las manos. Las ruedas de las bicicletas producen un «*crescendo*» ascendente y descendiente. Nos sentamos en el puente. Preferimos charlar a interpretar. Disfrutamos de la tranquilidad y de una cerveza.

Cuando paseamos hoy en Mühlheim bajo el goteo de la lluvia, no había silencio. No es cierto que hubiera salido poca gente a la calle. Estaba en los coches, en los tranvías y en los barcos demasiado grandes. El puente Mühlheimer Brücke actuó bajo todas estas circunstancias como un arco de resonancia.